Fascino ed eleganza nell'arte in età neoclassica

Fascination and elegance in neoclassical art

Catalogo a cura di / Catalogue edited by
Sandro Bellesi

con la collaborazione di / with the collaboration of
Chiara Fiorini

Schede di / Essays by
Sandro Bellesi, Silvestra Bietoletti, Liletta Fornasari,
Egle Radogna, Carlo Sisi, Gabriella Tassinari

Edizioni Polistampa

Si ringraziano tutti coloro che, con i loro preziosi suggerimenti, hanno reso possibile la realizzazione di questa mostra e del rispettivo catalogo, in particolare
Thanks to all those who, with their valuable suggestions, made possible the realization of this exhibition and its respective catalogue, especially
Jacopo Boni, Diego Gomiero, Massimo Vezzosi

Un grazie speciale per la costante assistenza a
Special thanks for the constant assistance to
Chiara Fiorini

Per il restauro
For the restorations
Laura Amorosi, Massimiliano Bedini, Julie Guilmette, Studio Santo Spirito, Studio Techne

Per le foto
For the photos
Guido Cozzi

Per la correzione delle bozze in inglese
For the correction of the English translations
Rebecca Lundin

Si ringraziano inoltre
Thanks also to
Agata Berchielli

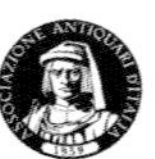

Galleria Marletta
Palazzo Ridolfi Guidi
Piazza San Felice 10r - 50125 Firenze
Tel e fax +39 055 294592
info@alessandromarletta.com

Via Livorno, 8/32 - 50142 Firenze - Tel. 055.73787
info@leonardolibri.com - www.leonardolibri.com

ISBN 978-88-596-2290-1

a Eleonora e Vittoria

Indice / Contents

Legenda / *Key*

Sandro Bellesi (S.B.)
Silvestra Bietoletti (SI.BI.)
Liletta Fornasari (L.F.)
Egle Radogna (E.R.)
Carlo Sisi (C.S.)
Gabriella Tassinari (G.T.)

Indagini e nuovi spunti di riflessione sull'arte toscana in età neoclassica

La raffinata ed esclusiva selezione di opere presentate da Alessandro Marletta in questo catalogo, consente di approfondire, attraverso composizioni in gran parte inedite, la conoscenza sul colto e variegato panorama artistico fiorentino tra Settecento e primo Ottocento, tempo coincidente, cronologicamente, con l'età neoclassica. Rispetto ai più noti e celebrati movimenti artistici e culturali sviluppatisi nella "Patria di Dante" nel corso del tempo, il Neoclassicismo in Toscana, per lungo tempo negletto dalla critica d'arte è stato oggetto, dopo la memorabile e pionieristica esposizione *Cultura neoclassica e romantica nella Toscana in età granducale* risalente all'ormai lontano 1972[1], di un progressivo seppur ancora "tiepido" riscatto da parte degli storici, grazie, perlopiù, a indagini intese a mettere a fuoco l'attività o il profilo biografico dei maestri più rinomati o commissioni artistiche di rilievo, o quanto meno più che degne d'interesse. È proprio grazie a questi nuovi impulsi che è stato possibile allestire la mostra *Antonio Canova, Giovanni degli Alessandri e l'Accademia di Belle Arti di Firenze*[2] che, tuttora in corso, focalizza per la prima volta, dopo alcune pubblicazioni storiche date alle stampe negli ultimi anni[3], il ruolo di primo piano rivestito dall'Accademia fiorentina, fondata nel 1784 per volontà del granduca Pietro Leopoldo d'Asburgo Lorena in sostituzione della cinquecentesca Accademia del Disegno, nelle svolte artistiche attuate in Toscana allo scorcio del "Secolo dei Lumi". Maestri e allievi dell'Accademia dominano, in effetti, l'arte regionale di quel tempo, determinando, in modo autonomo e del tutto originale, linguaggi e orientamenti di stile seguiti con attenzione dagli artisti per gran parte dell'Ottocento.

Pittori, scultori e disegnatori selezionati da Marletta per questo catalogo risultano, in effetti, tutti legati, in modi diversi in base ai loro ruoli, all'Accademia di Firenze, a partire da Pietro Benvenuti, che, dal 1803 al 1844, rivestì all'interno di questa il ruolo di "Maestro" di Pittura nonché quello più ambìto di "Direttore", incarico inferiore, ufficialmente, solo a quello di "Presidente".

Interessanti testimonianze artistiche riferibili a Benvenuti compaiono tra le opere selezionate in questo catalogo, assegnabili, distintamente, al primissimo e all'ultimo tempo della sua attività.

Riconducibile a questo artista in via attributiva in mancanza di specifiche certificazioni documentarie risulta un monocromo su tela tratto da un'incisione realizzata in Gran Bretagna da Francesco Bartolozzi, ispirata a un fregio murale,

Investigations and new insights for consideration on Tuscan art during neoclassical times

The refined and exclusive selection of works presented by Alessandro Marletta in this catalogue allows a deepening, through mostly unknown compositions, of knowledge on the cultured and diverse artistic environment of Florence between the 18th and early 19th centuries, a period coinciding, chronologically, with the neoclassical age. With respect to the more known and celebrated artistic and cultural movements developed in the «Homeland of Dante Alighieri» during the ages, Neoclassicism in Tuscany, long neglected by art critics, was the subject, after the memorable and pioneering exhibition *Neoclassical and Romantic Culture in Tuscany during the Grand Duchy*, held in the now distant 1972[1], of a progressive if still tepid redemption by historians, thanks mostly to investigations focused on the activities or biographies of the most renowned masters or the most relevant artistic commissions, or at least those more worthy of interest. It is thanks to this new movement that was possible to create the exhibition *Antonio Canova, Giovanni degli Alessandri and the Fine Art Academy in Florence*[2] that, still ongoing, for the first time highlights, after some historical publications edited in the last years[3], the important role of the Florentine Academy, founded in 1784 from the will of Leopold II of the House of Habsburg-Lorraine in substitution of the Drawing Academy founded during the 16th century, on the artistic changes happening in Tuscany during the Age of Enlightenment. Masters and pupils dominated, indeed, the regional arts of that time, determining, in a completely autonomous and original way, languages and style orientations followed with attention by artists for the major part of the 19th century.

Painters, sculptors and illustrators selected by Marletta for this catalogue result, indeed, all linked, in different ways with respect to their roles, to the Fine Art Academy in Florence, starting with Pietro Benvenuti who, from 1803 to 1844, was Painting Master and Director, an assignment officially inferior only to that of the President.

Interesting artistic testaments referable to Benvenuti appear among the selected works of this catalogue, dating, distinguishably, to his early and late career.

Attributed to this artist for lack of specific documents is a monochrome on canvas made by an etching created in Great Britain by Francesco Bartolozzi, inspired by a mural frieze, representing the *Sacrifice to Jupiter* painted by Giovan Battista Cipriani between 1770 and 1771 in the Library of

raffigurante *Il sacrificio a Giove*, dipinto da Giovan Battista Cipriani tra il 1770 e il 1771 nella biblioteca di Audley End House nell'Essex. Incisioni e disegni di Bartolozzi e Cipriani, artisti fiorentini attivi per lungo tempo nel Regno Unito, facevano, di fatto, parte integrante del materiale grafico, utilizzato per fini didattici, presente sia presso l'Accademia di Belle Arti di Firenze che nell'*atelier* di Santi Pacini, figura chiave dell'arte toscana dell'ultimo quarto del secolo anche per i suoi stretti legami con Anton Raphael Mengs, primo e più importante maestro nel capoluogo toscano di Benvenuti. Vera e propria primizia all'interno del *corpus* giovanile di questo artista, l'opera sottolinea la ricchezza e la varietà degli insegnamenti impartiti ai giovani nell'accademia toscana, all'interno della quale Santi Pacini, non a caso, rivestì per alcuni anni l'incarico di Maestro di Disegno[4].

Uno studio pittorico di una testa virile, un disegno e un'incisione, esaminati con analitiche e puntualissime considerazioni storico-critiche da Carlo Sisi, si relazionano a un dipinto con *Il conte Ugolino in carcere*, oggi perduto o finora non identificato, condotto intorno al 1837 da Pietro Benvenuti per il conte Guido della Gherardesca, personaggio tra quelli più in vista in ambito socio-politico toscano in età napoleonica e al tempo della Restaurazione. La pittura, tradotta in incisione subito dopo la sua ultimazione nella rinomata stamperia parigina di Zephirin Felix Jean Marius Belliard e omaggiata nel 1845 da Saint-Maurice Cabany, rappresentò una delle opere più intense ed emotivamente suggestive realizzate da Benvenuti nella fase finale della sua attività, dove, come suggerisce paradigmaticamente lo studio della testa di Ugolino presente in questo catalogo, viene messa in risalto la forte carica drammatica del volto di un uomo che, ormai privo di vane illusioni, affronta con "dignitosa disperazione" la sua fine terrena e quella delle persone a lui più care.

Comprimario di Benvenuti per la fama raggiunta tra i maestri toscani operanti nel primo Ottocento fu Luigi Sabatelli, pittore, nato a Firenze nel 1772, educato alle arti nell'Accademia locale. Grazie ai buoni riscontri critici ottenuti con le sue prime opere già dalla fine del Settecento, questi fu nominato nel 1803 dalla regina Maria Luisa di Borbone primo pittore ufficiale di corte, incarico che, nel giro di pochi anni, gli consentì di far conoscere e far circolare il proprio nome al di fuori dei confini della regione natale, come testimonia, significativamente, la sua nomina, avvenuta nel 1808, a Maestro di Pittura nella prestigiosa Accademia di Brera a Milano, titolo mantenuto fino al momento della morte, ovvero fino al 1850.

Un bel disegno di Sabatelli, riferibile ai suoi esordi artistici, è presente tra le opere scelte per questo catalogo. Si tratta di una composizione a penna su carta bianca nella quale è illustrato l'episodio veterotestamentario della *Morte di Assalonne*. Silvestra Bietoletti, autrice di uno studio particolareggiato dedicato a questa opera, propone una collocazione cronologica del foglio ai primi anni novanta del Settecento, tempo

the Audley End House in Essex. Etchings and drawings by Bartolozzi and Cipriani, artists active for a long time in the United Kingdom, were essential parts of the graphic material, used for didactic purposes, present either in the Fine Art Academy or in the atelier of Santi Pacini, key figure in Tuscan art of the last quarter century also for his relation with Anton Raphael Mengs, first and most important master of Benvenuti. The real and proper best fruit inside the early body of work of this artist, the work highlights the richness and variety of the lessons given to the young students in the Tuscan Academy, inside which Santi Pacini was, not by chance, Drawing Teacher.[4]

A pictorial study of a virile head, a drawing and an etching, examined with analytical and punctual critical-historical considerations by Carlo Sisi, can be related to the painting *Count Ugolino della Gherardesca imprisoned*, today lost or not yet identified, made around 1837 by Pietro Benvenuti for the count Guido Della Gherardesca, characters among the most visible in the social-political environment of Tuscany during Napoleonic times and during the Restoration of the House of Habsburg-Lorraine. The painting, turned into an etching right after it was finished in the well known Zephirin Felix Jean Marius Belliard's Parisian print shop and celebrated by Saint-Maurice Cabany, represented one of the most intense and emotionally suggestive works done by Benvenuti in the final phase of his activity where, as paradigmatically suggested by the study of the head of Ugolino present in this catalogue, highlights the strong dramatic charge of the face of a man who, with no more vain illusions, faced with deserving desperation his death and that of the people he cared for the most.

Co-protagonist with Benvenuti for the celebrity achieved among Tuscan masters of the early 18th century was Luigi Sabatelli, painter, born in Florence in 1772, trained at the local Academy. Thanks to the good critical confirmations obtained with his first works already at the end of the 18th century, he was nominated in 1803 by Queen Maria Luisa of Spain for the role of first official painter of the court, a role that, in just a couple of years, allowed him to make known and to circulate his name outside the borders of his home region, as testified to, significantly, by his nomination, in 1808, as Painting Master in the prestigious Brera Academy in Milan, a title that he kept until the moment of his death in 1850.

An interesting Sabatelli drawing, referring to his artistic beginnings, is present among the works chosen for this catalogue. It is a composition in ink on white paper illustrating the episode of the Old Testament of the *Death of Absalom*. Silvestra Bietoletti, author of a detailed study dedicated to this, proposes a chronological dating of the drawing to the early Nineties of the 18th century, a time when Sabatelli was reportedly in Rome, a town where, together with deeply

nel quale Sabatelli era documentato a Roma, città dove, oltre a studiare con attenzione l'arte del passato, ebbe agio di accostarsi ai "modelli figurativi più attuali" dell'arte europea.

Nel periodo nel quale Benvenuti iniziava a distinguersi per creatività e perizia pittorica tra i giovani iscritti all'Accademia giungeva a Firenze, nel 1789, il milanese Luigi Adamolli, meglio noto come Ademollo. Già distintosi nell'esecuzione di alcune opere nella sua terra di origine e reduce da un proficuo soggiorno operativo a Roma, Ademollo ottenne al momento del suo arrivo a Firenze la nomina di "Professore" all'Accademia, onorificenza che attestava i suoi meriti artistici ormai riconosciuti da committenti e critici. Impegnato saltuariamente in Accademia per qualche lezione, Ademollo, che non rivestì mai l'incarico ufficiale di insegnante, lavorò a pieno ritmo in Toscana, dove morì, alla veneranda età di ottantacinque anni, nel 1849.

Cinque affascinanti disegni a monocromo su tinte brune dell'artista sono presi in esame all'interno del catalogo. Egle Radogna, autrice delle schede relative a queste opere, mette mirabilmente a fuoco il contesto nel quale nacquero questi fogli, tutti connessi alle gesta del "mitico" Alessandro Magno tramandate nelle *Vite Parallele* di Plutarco. Questa serie, databile tra il 1790 e il 1810 circa, offre un interessante campionario di scene che, connesse strettamente alla cultura neoclassica allora imperante, mostrano aperture verso il linguaggio artistico adottato, tra fine Settecento e inizio Ottocento, da alcuni dei maestri anglosassoni e francesi piu *à la page*. Seppur cifrate su un lessico decisamente tipico di quel tempo, i cinque disegni non escludono, a mio avviso, riflessioni sull'arte fiorentina del Seicento, come sembrano indicare, ad esempio, le assonanze tra il volto dell'eroe macedone presente nel foglio con il *Nodo Gordiano sciolto da Alessandro Magno* e quelli riscontrabili in molti personaggi dipinti da maestri come Francesco Curradi e Cesare Dandini e, ancora, la ricchezza scenografica con edifici antichi adottata dal cortonesco Livio Mehus per alcune pitture dedicate a storie romane.

Nel febbraio 1793 in seguito al saccheggio da parte dei controrivoluzionari della sede dell'Accademia di Francia a Roma, molti furono gli artisti provenienti da tale nazione che giunsero a Firenze. Tra questi compariva Bénigne Gagnereaux, pittore, originario di Digione dove era nato nel 1756, che proprio nel capoluogo toscano trovò la morte nel 1795 cadendo accidentalmente o volutamente da una finestra della propria abitazione. Un importante recupero al catalogo estremo dell'artista, che a Firenze strinse saldi legami con la locale Accademia di Belle Arti, risulta il quadretto esaminato da Silvestra Bietoletti in questa pubblicazione, identificabile con un modello per un perduto dipinto raffigurante *Riti e simboli delle "idee religiose"*, opera il cui tema iconografico traeva ispirazione da *Les Ruines, ou Méditation sur les Révolutions des Empires* di Constantin-François de Chasseboef, conte di Volney, testo ricco di accezioni esoteriche, destinato a un pubblico decisamente elitario, dato alle stampe nel 1791.

study of art of the past, he was exposed to the most current figurative models of European art.

During the time when Benvenuti started distinguishing himself for creativity and pictorial ability among the young people enrolled at the Academy, Luigi Adamolli, better known as Ademollo, arrived in Florence from Milan in 1789. Already distinguished for the creation of some works in his area of origin and just back from a productive working visit to Rome, Ademollo obtained at his arrival in Florence the appointment of Professor at the Academy, an honour attesting his artistic merits already known by buyers and critics. Engaged occasionally at the Academy for some lessons, Ademollo, who never was officially a teacher, worked full time in Tuscany, where he died at 85 years old in 1849.

Five fascinating monochrome drawings in shades of brown are examined in the catalogue. Egle Radogna, author of the section related to these works, placed a beautiful focus on the context where those drawing were born, all connected with the Deeds of the mythical Alexander the Great written in *Parallel Lives* by Plutarch. This series, dating between 1790 and 1810, offers an interesting sample of scenes that, strictly connected to the prevalent neoclassical culture, show an opening towards the artistic language used, between the 18th and 19th centuries, by the most fashionable Anglo-Saxon and French masters.

Even if based on a decisively typical lexicon of that time, the five drawings do not exclude, in my opinion, considerations on Florentine Art of the 17th century, as seems indicated, for example, in the similarities between the face of the Macedonian hero presented in the sketch of the Gordian Knot and some that can be found in many characters painted by masters such as Francesco Curradi and Cesare Dandini and, in addition, the scenographic richness with ancient buildings used by Livio Mehus for some paintings dedicated to Roman history.

In 1793 after the raid by counter-revolutionaries at the Academy of France in Rome, many French artists moved to Florence. Among them was Bénigne Gagnereaux, painter born in Dijon, who in 1756, in the Tuscan capital, willingly or accidentally found his death falling out of a window in his house. An important discovery from the later catalogue of the artist who, in Florence, had some relation with the Fine Art Academy, is the small painting examined by Silvestra Bietoletti in this edition, identifiable as a model for a lost painting representing *Rituals and symbols of the religious ideas*, work whose iconographic theme was inspired by *Les Ruines, ou Méditation sur les Révolutions des Empires* by Constantin- François de Chasseboef, Count of Volney, a book rich in esoteric references, meant for a definitely elite public, published in 1791.

In the school directed at the Academy by Pietro Benvenuti many young artists distinguished themselves over

Nella Scuola diretta all'Accademia da Pietro Benvenuti molti furono i giovani artisti che si distinsero nel corso del tempo a partire da Francesco Nenci, pittore, nato ad Anghiari nel 1782 e morto a Siena nel 1850, al quale Liletta Fornasari ha dedicato una recentissima monografia[5]. A firma della studiosa risulta una scheda presente in questo catalogo dedicata a una delle opere più affascinanti dipinte dal pittore, la tela con *Venere che consegna a Enea le armi forgiate da Vulcano*. Firmata e datata 1827, l'opera, lodabile per la suggestiva formulazione iconografica della scena e per la bellezza delle figure sostenute da un alto magistero grafico ed esecutivo, risulta, a un esame ad ampio raggio, uno degli apici della produzione matura di Nenci dove l'incanto del mondo neoclassico sembra cedere al fascino della pittura classicista seicentesca. Il successo riscosso dal dipinto, come ci informa sempre Fornasari, è sottolineato dalle documentazioni storiche che, di fatto, ricordano due versioni tratte dalla composizione, una commissionata dal conte russo Guriew e l'altra alla famiglia fiorentina dei Nerli.

Tra i molti "creati" nella scuola di Benvenuti si distinse oltre a Nenci – ed ad altri ancora – Giuseppe Bezzuoli (Firenze 1784-1855), pittore al quale è stata dedicata recentemente una bella ed esaustiva mostra monografica a Palazzo Pitti[6]. Attribuito a questo artista da Silvestra Bietoletti risulta il *Ritratto di Francesco Pozzi* appartenente al gruppo di opere qui esaminate. L'identificazione dell'effigiato con Pozzi, scultore e intagliatore di gemme formatosi con Bezzuoli all'Accademia di Belle Arti di Firenze e con questi compagno di studi a Roma, si basa, come dimostrato da Bietoletti, sulle strette affinità riscontrabili tra i tratti morfologici della figura dipinta nel quadro e quelli tramandati nel busto dello scultore presente sul suo sepolcro in Santa Croce a Firenze.

Proprio al nome di Pozzi sono riconducibili due splendidi ritrattini, selezionati in questo catalogo da Marletta, eseguiti in cera rosa su fondo in vetro blu. Firmati dall'artista nel taglio in basso delle due figure, questi, oggetto di un dettagliatissimo studio storico-documentario condotto da Gabriella Tassinari, sono stati esposti recentemente nella già citata mostra *Antonio Canova, Giovanni degli Alessandri e l'Accademia di Belle Arti di Firenze*[7] dove, per le evidenti analogie stilistiche e tipologiche, sono stati avvicinati a opere più o meno simili realizzate in prevalenza da Giovanni Antonio Santarelli, rinomatissimo intagliatore di gemme e professore di questa disciplina all'Accademia di Belle Arti. L'analitica definizione delle figure descritte nelle due cere sottolinea, paradigmaticamente, l'abilità raggiunta da Pozzi nell'esecuzione di ritratti in cera di piccolo formato, che, insieme agli intagli in cristallo di rocca e pietre dure, garantì all'artista, molto apprezzato anche nel settore della statuaria in marmo e nella modellazione in gesso, fama e onori anche al di fuori dei confini italiani.

Per concludere degnamente l'esclusiva selezione di opere esaminate in questa pubblicazione non poteva certo mancare,

time starting with Francesco Nenci, a painter who was born in Anghiari in 1782 and died in Siena in 1850, to whom Liletta Fornasari dedicated a very recent monograph[5]. An essay in this catalogue is signed by her dedicated to one of the most fascinating works of the painter, the canvas representing *Venus*. Signed and dated 1827, the work, praised for the suggestive iconographical composition of the scene and for the beauty of the figures sustained by a high graphic and executive mastery, results, after wide ranging examination, as an apex of the mature production of Nenci where the enchantment of the neoclassical world seems to cede to the fascination of classicist 17th century painting.

The success obtained by the painting, as reported again by Fornasari, is highlighted by historical documentation that, indeed, recalls two versions of this composition, one commissioned by the Russian Count Guriew and the other by the Florentine family Nerli. Among the many trained in Benvenuti's school one who distinguished himself from Nenci – and others – was Giuseppe Bezzuoli (Florence 1784-1855), painter to whom was recently dedicated an interesting and exhaustive monographic exhibition held in Palazzo Pitti.[6] Attributed to this artist by Silvestra Bietoletti is the *Portrait of Francesco Pozzi* belonging to the group of works here examined. The identification of the portrait with Pozzi, sculptor and engraver of gems trained with Bezzuoli at the Fine Art Academy in Florence and his fellow in Rome, is based, as proved by Bietoletti, on the close affinities found between the morphological features of the painted figures and the ones transmitted in the bust of the sculptor in his grave in Santa Croce church in Florence.

To the same Pozzi can be ascribed two splendid little portraits, selected in this catalogue by Marletta, done in pink wax on blue glass.

Signed by the artist in the bottom of the two figures, those, deeply studied by Gabriella Tassinari, were recently exhibited in the aforementioned exhibition *Antonio Canova, Giovanni degli Alessandri and the Florence Fine Art Academy*[7], where, for clear stylistic and typological analogies, they were close to works more or less similar made mostly by Giovanni Antonio Santarelli, very well known carver of gems and his professor at the Fine Art Academy. The analytic definition of the figures described in the two waxes underscores, paradigmatically, the ability reached by Pozzi in the making of little wax portraits that, together with carving rock crystal, guaranteed the artist, much appreciated also in marble statuary and in plaster modelling, celebration also outside of Italy's borders.

To worthily conclude, the exclusive selection of works examined in this book could not miss, in a context dedicated to Florentine Arts of the early 19th century, at least one sculpture from the most celebrated Tuscan sculptor of that time, Lorenzo Bartolini, relevant figure in the sector

in un contesto dedicato alle arti a Firenze nel primo Ottocento, almeno una statua riferibile al più illustre scultore toscano di quel tempo, mi riferisco ovviamente a Lorenzo Bartolini, figura di punta nel settore delle arti plastiche in Europa dopo la morte di Canova e di Bertel Thorvaldsen. Per rappresentare questo artista viene qui presentato un marmo finora inedito che, seppur privo di documentazioni storiche e bibliografiche, può essere assegnato a Bartolini per i suoi particolari caratteri di stile e per l'alta tenuta qualitativa degna, indubbiamente, di un abilissimo "maestro di scalpello". L'opera, raffigurante il busto di un avvenente personaggio muliebre al momento non identificato, mostra affinità stringenti con vari ritratti analoghi certificati sotto il nome di Bartolini, tanto da non lasciar dubbi, dopo gli opportuni confronti forniti nella scheda presente nel catalogo, sull'autografia dell'opera. Seppur ancora avvolto da un alone di mistero, questo busto sottolinea l'alta perizia operativa raggiunta da Bartolini, artista anch'esso legato, come tutti quelli finora presi in esame, all'Accademia di Belle Arti di Firenze. All'interno di questa – dove rivestì il ruolo di Maestro di Scultura dal 1839 al 1850 – Bartolini aprì la strada a nuove e promettenti linee di ricerca orientando i suoi allievi, dopo il superamento degli ultimi retaggi neoclassici, verso realtà artistiche rivolte, in prevalenza, allo studio dal naturale in tutti i suoi "aspetti".

S.B.

NOTE

1 Cfr. *Cultura neoclassica e romantica nella Toscana granducale, Collezioni lorenesi, acquisizioni posteriori, depositi*, catalogo della mostra a cura di S. Pinto, Firenze 1972.

2 Cfr. *Il Culto del Bello. Antonio Canova, Giovanni degli Alessandri e l'Accademia di Belle Arti di Firenze*, catalogo della mostra a cura di S. Bellesi, Firenze 2022.

3 Ci riferiamo soprattutto a pubblicazioni nate in seno all'Accademia di Belle Arti di Firenze a partire dal 2016 dedicate alle scuole più importanti, Scultura e Pittura, alle raccolte dei bassorilievi ottocenteschi e alla collana i "Maestri dell'Accademia di Belle Arti di Firenze", della quale sono uscite al momento le monografie dedicate agli scultori Innocenzo Spinazzi, Francesco Carradori e Stefano Ricci e ai pittori Santi Pacini, Giuseppe Collignon e Francesco Nenci.

4 Su questo artista cfr. S. Bellesi, *Santi Pacini*, Firenze 2021.

5 Cfr. L. Fornasari, *Francesco Nenci*, Firenze 2022.

6 Cfr. *Giuseppe Bezzuoli (1784-1855). Un grande protagonista della pittura romantica*, catalogo della mostra a cura di V. Gavioli, E. Marconi, E. Spalletti, Firenze 2022.

7 Cfr. G. Tassinari in *Il Culto del Bello cit.*, pp. 299-300 n. 70.

of the plastic arts in Europe after the death of Canova and of Bertel Thorvaldsen. To represent this artist we present here a marble, unpublished until now, that, even if lacking historical and bibliographical documents, can be ascribed to Bartolini for his peculiar style and for the high quality work, without any doubt, of a very capable «sculpting master». The work, portraying a very charming female character at the moment not identified, shows striking similarities with several certified similar portraits under his name, so that there are no doubts, after the appropriate confrontation given in the essay in the catalogue, on the identity of the artist. Even if still mysterious, this bust underscores the high capability reached by Bartolini, artist who is linked, like the others here examined, to the Florence Fine Art Academy. He was Sculpting Master there from 1839 to 1850 and he opened the path to new and promising lines of research orienting his pupils, after surpassing the last neoclassical legacy, towards artistic realities oriented, in prevalence, to the study of nature in all of its aspects.

S.B.

NOTES

1 Cf. *Cultura neoclassica e romantica nella Toscana granducale, Collezioni lorenesi, acquisizioni posteriori, depositi*, catalogue of the exhibition by S. Pinto, Florence 1972.

2 Cf. *Il Culto del Bello. Antonio Canova, Giovanni degli Alessandri e l'Accademia di Belle Arti di Firenze*, catalogue of the exhibition edited by S. Bellesi, Florence 2022.

3 Referring mostly to publications born inside the Florence Fine Art Academy starting from 2016 and dedicated to the most important schools, to Sculpting and Painting, and to the collection of bass-reliefs of the 18th century and to the series "Maestri dell'Accademia di Belle Arti di Firenze", of which at the moment has been edited the biographies dedicated to the sculptors Innocenzo Spinazzi, Francesco Carradori and Stefano Ricci and to the painters Santi Pacini, Giuseppe Collignon and Francesco Nenci.

4 About this artist Cf. S. Bellesi, *Santi Pacini*, Florence 2021.

5 Cf. L. Fornasari, *Francesco Nenci*, Florence 2022.

6 Cf. *Giuseppe Bezzuoli (1784-1855). Un grande protagonista della pittura romantica*, catalogue of the exhibition edited by V. Gavioli, E. Marconi, E. Spalletti, Florence 2022.

7 Cf. G. Tassinari in *Il Culto del Bello cit.*, pp. 299-300 n. 70.

CATALOGO
CATALOGUE

Pietro Benvenuti (attribuito / attributed to)

(Arezzo 1769 – Firenze 1844)
da / after Giovan Battista Cipriani

Sacrificio a Giove / Sacrifice to Jupiter
Olio su tela, 31,5 × 135 cm / Oil on canvas, 12.4 × 53.1 in

Questa interessante grisaglia, modulata su toni bruni che sfumano gradualmente dal color tabacco all'avorio, mostra una scena "all'antica", dedicata a un sacrificio fatto in onore di Giove. Sopra un basamento rialzato campeggia, al centro, la statua del dio davanti alla quale un sacerdote di età matura sta celebrando un rito propiziatorio versando acqua contenuta all'interno di un tripode ardente di fiamme. Poco distante dall'officiante sono presenti un uomo inginocchiato con un bacile, una giovane servitrice e una suonatrice con un flauto doppio e, ancora, una figura virile armata di ascia conducente un caprone sacrificale. Disposte ai due lati compaiono, ancora, personaggi muliebri e un putto con festoni, tralci di foglie e vivande.

Di elevato tenore qualitativo, il dipinto, in eccellente stato di conservazione, risulta un'interessante derivazione con leggere varianti da un'incisione, nota attualmente in vari esemplari, realizzata nel 1777 da Francesco Bartolozzi su un disegno di Giovan Battista Cipriani[1] *(a)*. L'incisione, relazionata ad altre simili nel formato e dedicate anch'esse a episodi antichi, trae ispirazione da un fregio pittorico, afferente a un ciclo di sei pannelli istoriati, realizzato tra il 1770 e il 1771 da Cipriani per la biblioteca di Audley End House nell'Essex. Dalla ricevuta di pagamento, datata 31 dicembre 1771, apprendiamo che il pittore, fiorentino di nascita ma da tempo naturalizzato inglese[2], aveva eseguito, per incarico di sir John Griffin, ogni pezzo del fregio che, nel suo insieme, doveva alludere ai Quattro Elementi, alla Religione e alle Arti[3]. In base a un inventario dei beni di Audley End House del 1797, il pannello al centro dei nostri studi è ricordato come «Un sacrificio a Giove che mostra un sacerdote che getta acqua sul fuoco, il Sacrificatore con l'ariete destinato al sacrificio, un ragazzo con in mano una scatola di incenso, un altro con lo strumento musicale e diversi servitori che portano varie offerte. Questo ha lo scopo di rappresentare la Religione"[4].

Rispetto al dipinto di Cipriani, l'incisione di Bartolozzi alla quale abbiamo fatto riferimento, varia, come tradizione nelle realizzazioni a stampa derivate da disegni o pitture, principalmente per la disposizione compositiva in controparte, ribaltando cioè il tutto da destra a sinistra e viceversa.

L'interesse sempre maggior per il mondo figurativo antico attestato da artisti e committenti in gran parte d'Eu-

This interesting grisaille, modelled in brown tones gradually fading from tobacco to ivory colour, shows an "old fashioned" scene dedicated to a sacrifice made in honour of Jupiter. On top of a raised pedestal stands, at the centre, the statue of the god, in front of which an older priest is celebrating a propitiatory ritual, pouring water onto a tripod burning with flames. Not far from the officiant there are a man kneeling with a basin, a young servant and a musician playing a double flute and, also, a virile figure with an axe leading a sacrificial goat. Arranged on either side again appear female figures and a cherub holding garlands, leafy branches and food.

The painting, of a high standard of quality and in an excellent state of conservation, represents an interesting derivation with slight variations from an engraving, currently know by several exemplars, made in 1777 by Francesco Bartolozzi from a drawing by Giovan Battista Cipriani *(a)*.[1] The engraving, related to others similar in format and also dedicated to episodes taken from antiquity, was inspired by a pictorial frieze pertaining to a cycle of six decorated panels realized between 1770 and 1771 by Cipriani for the Library of Audley End House in the Essex. From the receipt of payment, dated 31 December 1771, we learn that the painter, Florentine by birth but English naturalized for a long time[2], created, on commission of Sir John Griffin, every piece of the frieze, which, taken together, was to allude to the Four Elements, religion and the arts.[3] On the basis of a 1979 inventory of the assets in Audley End House, the panel at the centre of our study is remembered as "A Sacrifice to Jupiter, showing a priest throwing water on the sacred fire, the sacrificer with the ram intended to be sacrificed, a boy holding a box of incense, another with a musical instrument and several servants carrying various offerings. This is intended to represent Religion".[4]

In respect to Cipriani's painting, the aforementioned Bartolozzi engraving varies for the most part, as traditionally in engravings taken from drawings or pictures, in the opposing compositional disposition, reversing everything from right to left and vice versa.

The increasing interest in the ancient figurative world attested by artists and customers in the majority of

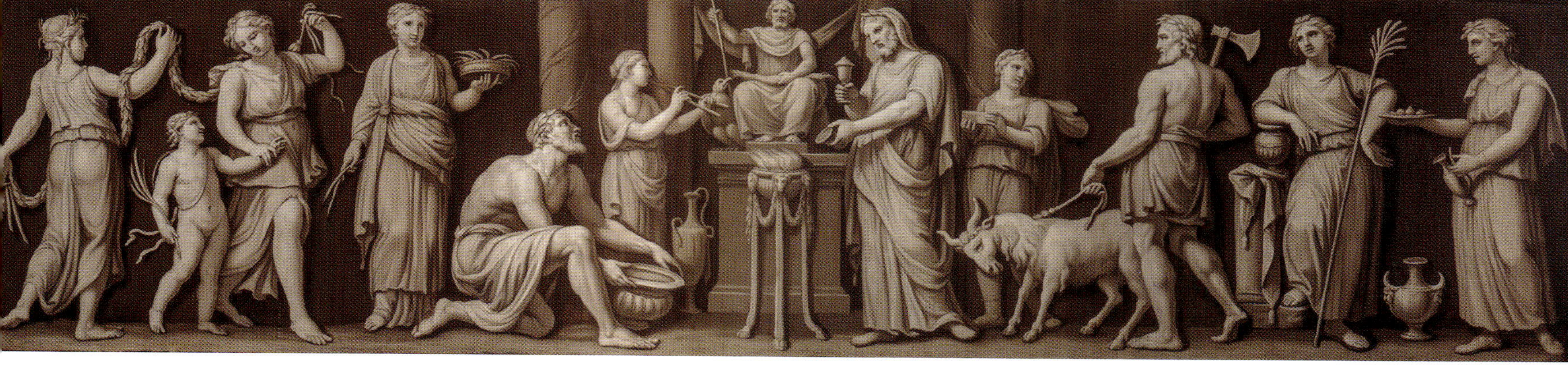

ropa dopo la metà del Settecento, che porterà sul volgere dello stesso secolo alla nascita del Neoclassicismo, si lega strettamente al diffondersi, dall'età tardo-barocca, di repertori o per meglio dire raccolte di incisioni, spesso corredate da scritte esplicative, dedicate ai capolavori della statuaria greco-romana. Tra questi una posizione di spicco dovette spettare al *De Admiranda Romanorum Antiquatum*, che, pubblicato nel 1693, raccoglie al suo interno un vasto campionario di incisioni eseguite da Pietro Sante Bartoli raffiguranti, per lo più, brani di fregi istoriati tratti da opere importanti, commentate, con dovizia di informazioni e dettagli storici, da Giovan Pietro Bellori. L'attenzione riversata nel corso del tempo verso questa raccolta trova opportuni riscontri in varie opere licenziate nel Settecento, come testimonia, ad esempio, la realizzazione nel 1772 da parte di Lamberto Cristiano Gori di una coppia di pannelli in scagliola, che, raffiguranti rispettivamente la *Danza delle Ore* e *Fanciulle che adornano un candelabro*, derivano palesemente da due delle incisioni contenute nel volume[5].

Come molti altri artisti del suo tempo, Cipriani, figura chiave nel passaggio dal tardo-barocco al neoclassicismo sul territorio anglosassone, recepì in modo personalizzato lo studio dall'antico, creando, come nell'opera in esame e nell'intero ciclo di fregi di Audley End House, una sua originale rielaborazione dei modelli greco-romani, rivitalizzati in chiave settecentesca.

Il lungo sodalizio instaurato tra Cipriani e Bartolozzi, entrambi fiorentini trasferitisi in Inghilterra dove nel 1768 fecero parte dei membri fondatori della Royal Academy a Londra, portò alla creazione di molte incisioni che si diffusero, con successo, in gran parte d'Europa, Italia compresa. A Firenze le stampe di Bartolozzi dovettero essere molto care soprattutto a Santi Pacini, pittore e incisore, che condivise con lo stesso Bartolozzi e Cipriani la propria formazione artistica nel capoluogo toscano nella scuola di Ignazio Hugford, allievo prediletto del classicista Anton Domenico Gabbiani[6]. Interessi dimostrati da Pacini per l'antichità si sottolineano dagli stretti rapporti da lui instaurati con Anton Raphael Mengs e dal ricco campionario di calchi e getti in gesso tratti da statue antiche conservati nel suo

Europe after the first half of the 18th century, which would lead during the same century to the birth of Neoclassicism, is tightly tied to the diffusion, from the late-baroque period, of catalogues or, more precisely, collections of engravings, often accompanied by explanatory texts, dedicated to masterpieces of Greco-Roman statuary. Among these, a prominent position belongs to the *De Admiranda Romanorum Antiquatum*, which, published in 1693, holds inside a vast sample of engravings made by Pietro Sante Bartoli describing, for the most part, passages of decorated friezes taken from important works of art, annotated, with an abundance of information and historical details, by Giovan Pietro Bellori. The attention given to this collection with the passing of time finds appropriate evidence in several pieces of the 18th century, as testified by, for example, the creation in 1772 by Lamberto Cristiano Gori of a couple of panels in scagliola that illustrated the *Dance of the Horae* and *Ladies who adorn a chandelier*, which clearly derive from two engravings in the volume.[5]

Like many artists of his time, Cipriani, a key figure in the passage from the Late-Baroque to Neoclassicism in Anglo-Saxon territories, incorporated in a very personalised way the study of antiquity, as in the piece here examined and in the entire cycle of friezes in Audley End House, one of his original elaborations of the Greco-Roman models, revitalised in an 18th century manner.

The long-lasting partnership between Cipriani and Bartolozzi, both Florentines who moved to England where in 1768 they were founding members of the Royal Academy in London, brought into creation several engravings that spread, successfully, all around Europe, Italy included. In Florence Bartolozzi's engravings should have been very appreciated especially by Sante Pacini, painter and engraver, who shared with Bartolozzi and Cipriani the same artistic training in the Tuscan capital at the school of Ignazio Hugford, the favoured pupil of the classicist Anton Domenico Gabbiani.[6] Pacini's interest for antiquities is highlighted by the strong relation he established with Anton Raphael Mengs and by the rich sample of casts and plasters of

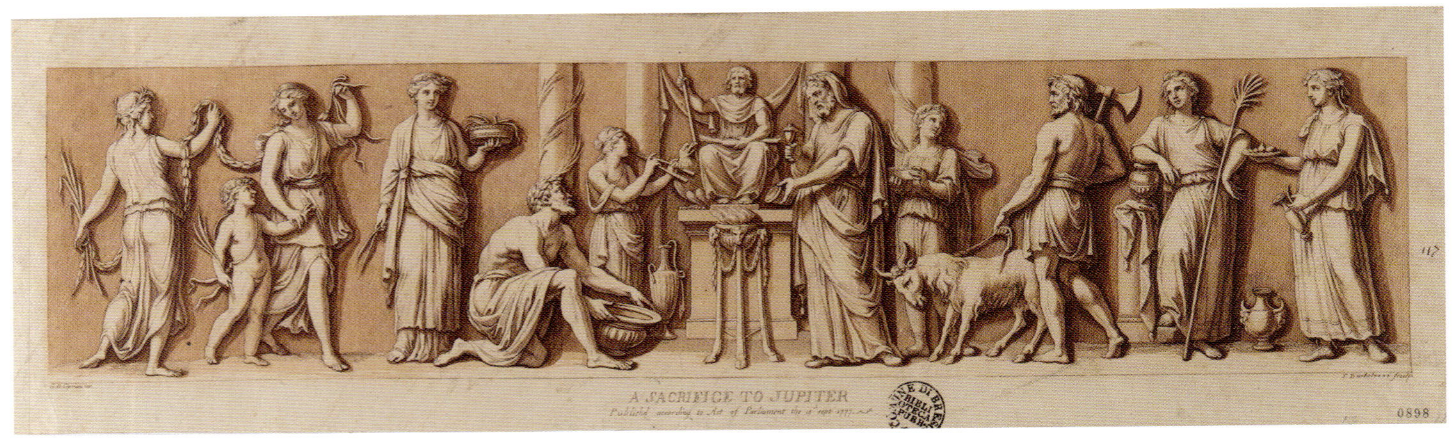

(a) Francesco Bartolozzi da / after Giovan Battista Cipriani, *Sacrificio a Giove/Sacrifice to Jupiter*, post 1777, acquaforte / etching, 156 × 109 mm / 6.1 × 4.2 in. ©Archivio fotografico Civici Musei di Brescia

laboratorio e poi vendute in gran parte all'Accademia di Belle Arti di Firenze, dove rivestì, dal 1784 al 1785, il ruolo di maestro nella Scuola di Disegno[7]. Dagli inventari dei beni artistici di questi veniamo a conoscenza di un numero elevato di incisioni autografe di vari maestri, tra le quali comparivano, non a caso, esemplari di Bartolozzi, inviati con probabilità dallo stesso a Pacini, ex compagno di studi a Firenze[8].

Copie dalle pitture più rinomate delle raccolte granducali toscane, da statue antiche e da incisioni dovettero essere le basi primarie per gran parte dei giovani artisti messi "a bottega" da Pacini, come Pietro Benvenuti, astro nascente della pittura neoclassica italiana. Originario di Arezzo dove nacque nel 1769, Benvenuti, dopo un primo avvio alla pittura in patria sotto la guida di Giovanni Cimica, giunse nel 1785 nel capoluogo toscano, dove, come detto, fu allievo di Santi Pacini, con il quale visse alcuni anni nella sua abitazione. Insieme agli insegnamenti impartiti da questo maestro, Benvenuti approfondì le sue conoscenze iscrivendosi, entro breve tempo, all'Accademia di Belle Arti, dove nel 1790 ottenne il primo premio in Pittura[9].

Durante l'alunnato trascorso da Benvenuti nella scuola di Pacini è probabile che l'artista, come prassi comune di apprendimento, abbia realizzato copie di vario genere, tra le quali pitture derivate da composizioni a stampa. Il ricco campionario di incisioni documentate negli inventari di Pacini dovette servire da stimolo per gran parte dei giovani allievi e sicuramente per Benvenuti, al quale proponiamo di ascrivere, in assenza di notizie documentarie, la pittura monocroma in esame.

I caratteri distintivi di questa opera rispetto all'incisione di riferimento, ben evidenti soprattutto nella resa più plastica delle figure e nella pressoché totale assenza di richiami al mondo barocco, risultano, in effetti, elementi chiave che anticiperanno opere pittoriche di Benvenuti databili tra lo scorcio del Settecento e il primissimo Ottocento, come il

antique statues in his studio and then sold in large part to the Academy of Fine Art in Florence where he held, from 1784-1785, the role of professor at the School of Design.[7] From the inventories of his artistic goods we learned of a great number of autographed engravings from several masters, among which were, not casually, exemplars from Bartolozzi, sent probably by him to Pacini, an ex-schoolmate in Florence.[8]

Copies of the most famous paintings from the Tuscany Grand Ducal collection, of ancient statues and of engravings must have been the primary basis for the majority of the young artists in the workshop of Pacini, like Pietro Benvenuti, rising star of Neoclassic Italian painting. Originally from Arezzo, where he was born in 1769, Benvenuti, after an initiation to painting in his home town under the guidance of Giovanni Cimica, came to the Tuscan capital in 1785, where, as aforementioned, he was pupil of Sante Pacini, with whom he lived for several years in his home. Together with the lessons taught by this master, Benvenuti furthered his knowledge signing up, after a short time, at the Academy of Fine Arts, where in the 1790 he was awarded with the first prize in Painting.[9]

During Benvenuti's scholarship at the school of Pacini, it is probable that he, as a common practice in training, made various kinds of copies, among them paintings derived from printed compositions. The rich sample of engravings documented in Pacini's inventory served as a stimulus for a large part of his young pupils and surely for Benvenuti, to whom we propose to ascribe, in absence of documentary information, the monochrome painting here examined.

The distinctive characteristics of this work in respect to the engraving, evident mostly in the more sculptural rendering of the figures and in the total absence of references to the baroque world, result, effectively, as key elements that anticipate Benvenuti's paintings between the end of the 18th beginning of the 19th century, such as

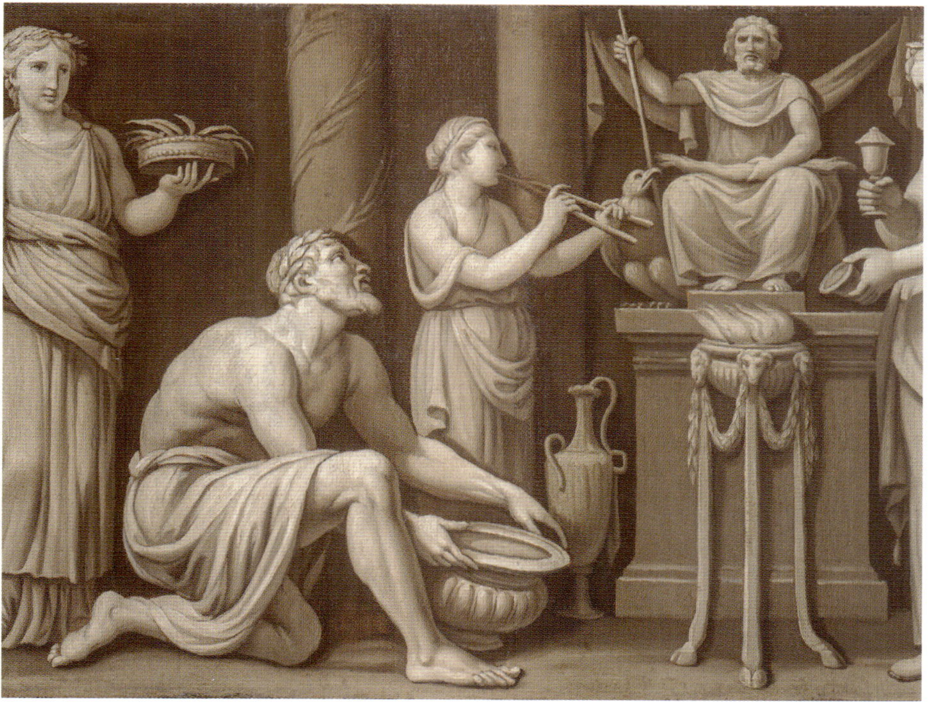

San Sebastiano curato dalle pie donne, *Angelica e Medoro* e *Apollo Pitio*, tutte opere conservate attualmente in collezioni private[10].

S.B.

Note

1 Cfr. A. Calabi, *Francesco Bartolozzi. Catalogue des Estamps et notice biographique d'après le manuscrits de A. De Vesme enteriement réformé et complétés d'une étude antique*, 1928, n. 433. III.

2 Per l'artista si veda S. Bellesi, *Catalogo dei pittori fiorentini del '600 e '700*, 3 voll., Firenze, 2009, I, pp. 109-110 e II, figg. 300-306; con bibliografia precedente.

3 Cfr. *Saffron Walden Museum in https://saffronwaldenmuseum.swmuseumsoc. org. uk/cipriani-paintings-to-move-home.*

4 Cfr. *Saffron Walden Museum, cit.*

5 Cfr. E. Colle in *Arte e Manifattura di corte a Firenze dal tramonto dei Medici all'Impero (1732-1815)*, catalogo della mostra a cura di A. Giusti, Firenze, Livorno, 2006, pp. 196-197 n. 117; con bibliografia precedente.

6 Per Pacini si veda S. Bellesi, *Santi Pacini*, Firenze 2021.

7 Cfr. S. Bellesi in *Accademia di Belle Arti di Firenze. Pittura 1784-1915*, a cura di S. Bellesi, Firenze, 2017, pp. varie.

8 Per l'inventario della raccolta di incisioni di Pacini si veda Archivio dell'Accademia di Belle Arti di Firenze, *Filza G (1799-1800)*, Inserto 43.

9 Cfr. L. Fornasari, *Pietro Benvenuti*, Ospedaletto/Pisa, 2004, pp. varie.

10 Cfr. *Pittore Imperiale. Pietro Benvenuti alla corte di Napoleone e dei Lorena*, catalogo della mostra a cura di L. Fornasari e C. Sisi, Firenze, Livorno, 2009, pp. 84-85 n. 35, 93 n. 45 e 106 n. 57; con bibliografia precedente.

Saint Sebastian Tended by the Pious Women, *Angelica and Medoro*, and *Pythius Apollo*, all works preserved at the moment in private collections.[10]

S.B.

Notes

1 Cf. A. Calabi, *Francesco Bartolozzi. Catalogue des Estamps et notice biographique d'après le manuscrits de A. De Vesme enteriement réformé et complétés d'une étude antique*, 1928, n. 433. III.

2 For the artist Cf. S. Bellesi, *Catalogo dei pittori fiorentini del '600 e '700*, 3 vols., Florence, 2009, I, pp. 109-110 and II, figg. 300-306; with earlier bibliography.

3 Cf. *Saffron Walden Museum in https://saffronwaldenmuseum.swmuseumsoc.org.uk/cipriani-paintings-to-move-home.*

4 Cf. *Saffron Walden Museum*, cit.

5 Cf. E. Colle in *Arte e Manifattura di corte a Firenze dal tramonto dei Medici all'Impero (1732-1815)*, catalogue of the exhibition by A. Giusti, Florence, Livorno, 2006, pp. 196-197 n. 117; with earlier bibliography.

6 For Pacini Cf. S. Bellesi, *Santi Pacini*, Florence 2021.

7 Cf. S. Bellesi in *Accademia di Belle Arti di Firenze. Pittura 1784-1915,* edited by S. Bellesi, Florence, 2017, various pages.

8 For the inventory of Pacini's collections Cf. Archivio dell'Accademia di Belle Arti di Firenze, *Filza G (1799-1800)*, Insert 43.

9 Cf. L. Fornasari, *Pietro Benvenuti*, Ospedaletto/Pisa, 2004, various pages.

10 Cf. *Pittore Imperiale. Pietro Benvenuti alla corte di Napoleone e dei Lorena*, catalogue of the exhibition edited by L. Fornasari and C. Sisi, Florence, Livorno, 2009, pp. 84-85 n. 35, 93 n. 45 e 106 n. 57; with earlier bibliography.

Pietro Benvenuti

(Arezzo 1769 – Firenze 1844)

Studio per "Il conte Ugolino in carcere" / *Study for "Count Ugolino in prison"*

post / after 1837

Olio su tavola, 55,5 × 39 cm / Oil on canvas, 21.9 × 15.4 in

con cornice dorata, 67 × 51 cm / with gilded frame, 26.4 × 20.1 in

Sul retro: due sigilli in ceralacca con le iniziali GDG sormontate da corona

On the back: two wax seals with the crowned initials GDG

La provenienza del dipinto è certificata dai sigilli in ceralacca apposti sul retro della cornice ove si distinguono, sormontate da una corona comitale, le iniziali di Guido della Gherardesca, colui che affidò probabilmente a Pietro Benvenuti il compito di illustrare la tragica vicenda dell'avo Ugolino risolta dal pittore in una scena solennemente tragica, il cui epicentro emotivo è il volto impietrito del padre che assiste impotente alla disperazione e alla morte dei figli. Non si tratta di uno studio preliminare al dipinto ma di una ulteriore messa a fuoco della fisionomia stravolta del protagonista, un 'primo piano' che ben corrisponde a quanto annotava Saint-Maurice Cabany descrivendo, nell'opera compiuta, il sembiante di Ugolino "immobile, défiguré, décharné, aveuglé par la faim"[1], che Benvenuti realizza in questo dipinto adottando uno stile del tutto inedito sia per il taglio compositivo che per la sobria gamma dei colori. Da quanto si può evincere dalla litografia di Belliard e, soprattutto, dal disegno preparatorio degli Uffizi, l'idea di Benvenuti si esprimeva in una drammatizzazione di prevalente matrice classicista culminante nella testa all'eroica coerente con la scelta di alludere ad un moderno Laocoonte; in questo dipinto invece l'essenziale frontalità del volto fa emergere con forza una componente patetica che rimanda semmai allo studio dei caratteri invalso nelle indagini teoriche e figurative dell'Illuminismo per approdare infine agli 'alienati' di Théodore Géricault. Un confronto efficace può essere avanzato con *Il conte Ugolino in carcere* dipinto da Joshua Reynolds, opera ricordata anche da Antonio Zobi nelle sue *Considerazioni* sull'episodio dantesco dove scrive d'aver visto una "stampa a fumo" del dipinto[2] (probabilmente quella incisa da John Dixon nel 1774), dalla quale verrà tratto il particolare della testa del conte a corredo iconografico del trattato *Physiognomische Fragmente* di Johann Caspar Lavater (Leipzig und Winterthur, 1778, p. 414): un'immagine frontale del volto presente in un testo di grandissima diffusione, che Benvenuti potè forse consultare ricavandone una suggestione non soltanto figurativa ma necessariamente corroborata dalle considerazioni di natura etnologica rivolte, nel testo, ad indagare le componenti sociali e naturali dell'essere umano al fine di intercettare la corrispondenza fra bellezza morale e fisica. Se l'ipotesi dell'interesse di Benvenuti per il volume di Lavater

The provenance of the painting is certified by the wax seals on the back of the frame where, topped by a crown, the initials of Count Guido della Gherardesca can be discerned, as he probably gave the commission to Pietro Benvenuti to illustrate the tragic story of his ancestor Ugolino, resolved by the painter in a solemnly tragic scene, the emotional epicentre of which is the petrified father powerlessly witnessing the desperation and death of his sons. This is not a preliminary study of the painting but close-up of the distorted physiognomy of the protagonist, a foreground well corresponding to what Saint-Maurice Cabany noted, describing, in the finished painting, Ugolino as "Immobile, disfigured, skeletal, blinded by hunger"[1], which Benvenuti rendered in this painting adopting a completely new style in both composition and in the sober color palette. From what can be deduced from Belliard's lithograph and, most of all, from the preparatory drawing at the Uffizi, the idea of Benveuti was expressed in a dramatization of mostly classicist taste culminating in the coherent heroic reading with the choice to allude to a modern Laocoon; in this painting, instead, the essential frontality of the face makes a component of pathos strongly emerge which recalls, if anything, the character studies established in the theoretical and figurative investigations of the Age of Enlightenment to reach the "alienated" by Théodore Géricault. An efficacious comparison can be proposed with *Count Ugolino in prison* by Joshua Reynolds, a painting quoted also in Antonio Zobi's *Considerations* on the Dante episode, where he wrote to have seen a "mezzotint" of the painting[2] (probably the one engraved by John Dixon in 1774), from which was taken the detail of the head of the Count as iconographical decoration of the essay *Physiognomische Fragmente* by Johann Caspar Lavater (Leipzig und Winterthur, 1778, p. 414) a frontal image of the face in a widely circulated text, that Benvenuti may have consulted to obtain not only a figurative suggestion but one necessarily confirmed by the ethnological consideration pointed to, in the essay, to investigate the social and natural components of the human being to capture the correspondence between moral and physical beauty. If the hypothesis of Benvenuti's interest in Lavater's book was plausible, the choice of the painter to accentuate the sentimental analysis entrusting it to a

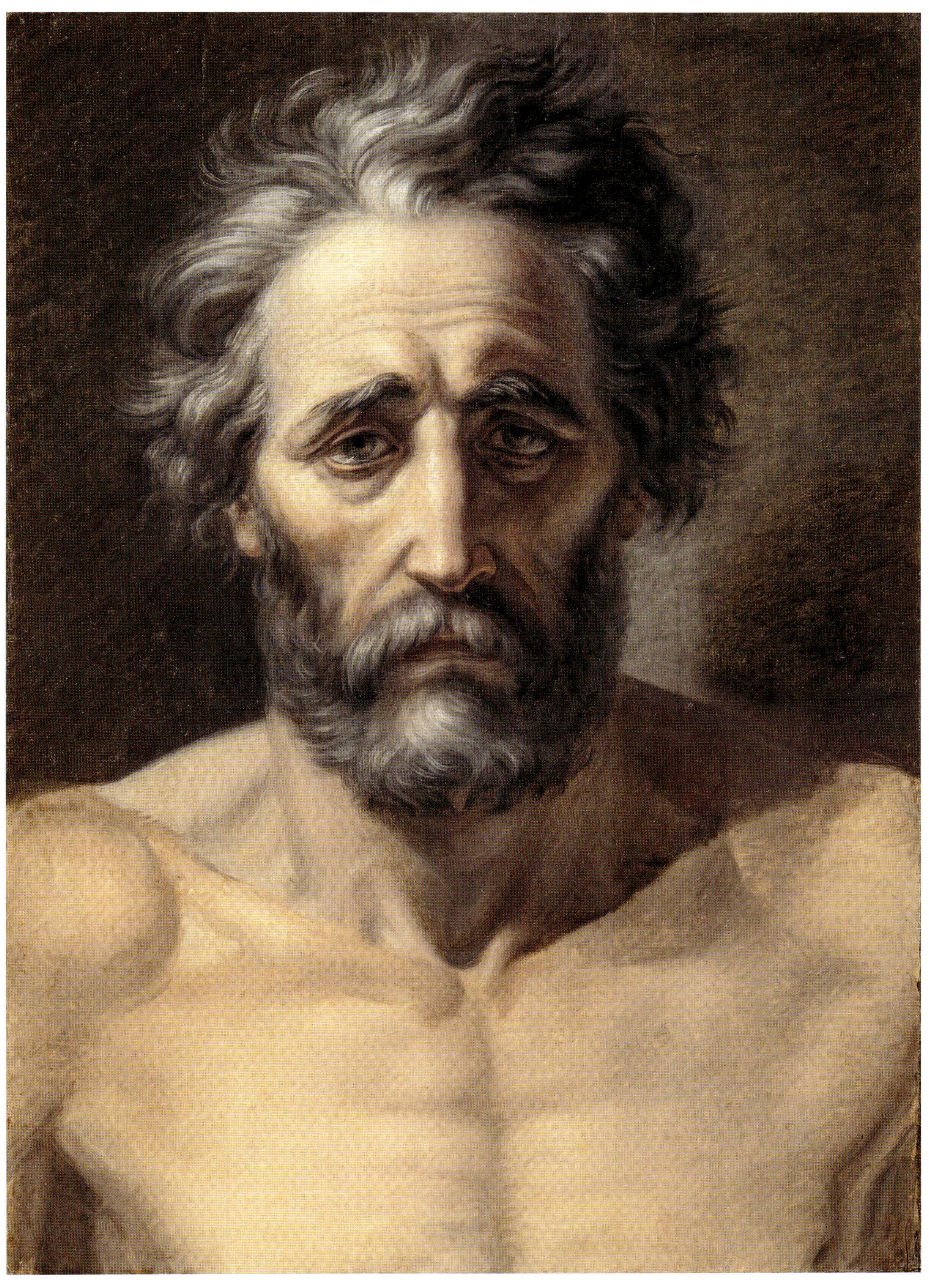

fosse plausibile, più evidente risulterebbe la scelta del pittore di accentuare l'analisi dei sentimenti affidandola ad un 'ritratto di carattere' che emerge da un fondo astratto, senza connotazioni ambientali o 'storiche', e che è tutto rivolto a tradurre il dolore del protagonista in una sorta di immagine di devozione laica. L'avrà probabilmente richiesta all'artista lo stesso conte Guido in omaggio al suo avo illustre e sventurato per accrescerne la memoria già consegnata al quadro a noi tramandato dalla litografia di Belliard, il quale partecipava tra l'altro alla fortuna iconografica del soggetto dantesco determinata dalle opere di Luigi Sabatelli e di Giuseppe Bezzuoli, artisti che Guido della Gherardesca ebbe agio di incontrare e frequentare come autorevole membro dell'Accademia di Belle Arti di Firenze[3].

C.S.

NOTE

[1] Immobile, sfigurato, scheletrico, accecato dalla fame Cfr. E. Saint-Maurice Cabany, in *Le Nécrologe universel du XIX siècle*, Tome premier, Paris 1845, p. 259.

[2] Cfr. A. Zobi, *Considerazioni storico-critiche di Antonio Zobi sulla catastrofe di Ugolino Gherardesca conte di Donoratico*, Firenze 1840, p. 33, nota 3.

[3] Cfr. U. della Gherardesca, *Il conte Guido Alberto della Gherardesca. Un personaggio toscano che operò con prestigio nella prima metà del 1800*, Pontedera 2001, pp. 14, 19.

"character portrait" that emerges from an abstract background, without environmental or "historical" connotations, completely focussed on translating the pain of the protagonist in a sort of image of laic devotion, would be more evident. Count Guido himself likely requested this of the painter as a tribute to his illustrious and unfortunate ancestor with the goal of enlarging the memory already consigned to the painting transmitted by the lithograph by Belliard, who also participated in the iconographic fortune of Dante's subject depicted in the works by Luigi Sabatelli and by Giuseppe Bezzuoli, artists that Guido della Gheradesca met and frequented as an eminent member of the Academy of Fine Art in Florence.[3]

C.S.

NOTES

[1] Cf. E. Saint-Maurice Cabany, in *Le Nécrologe universel du XIX siècle*, Tome premier, Paris 1845, p. 259.

[2] Cf. Antonio Zobi, *Considerazioni storico-critiche di Antonio Zobi sulla catastrofe di Ugolino Gherardesca conte di Donoratico*, Florence 1840, p. 33, note 3.

[3] Cf. in U. della Gherardesca, *Il conte Guido Alberto della Gherardesca. Un personaggio toscano che operò con prestigio nella prima metà del 1800*, Pontedera 2001, pp. 14, 19.

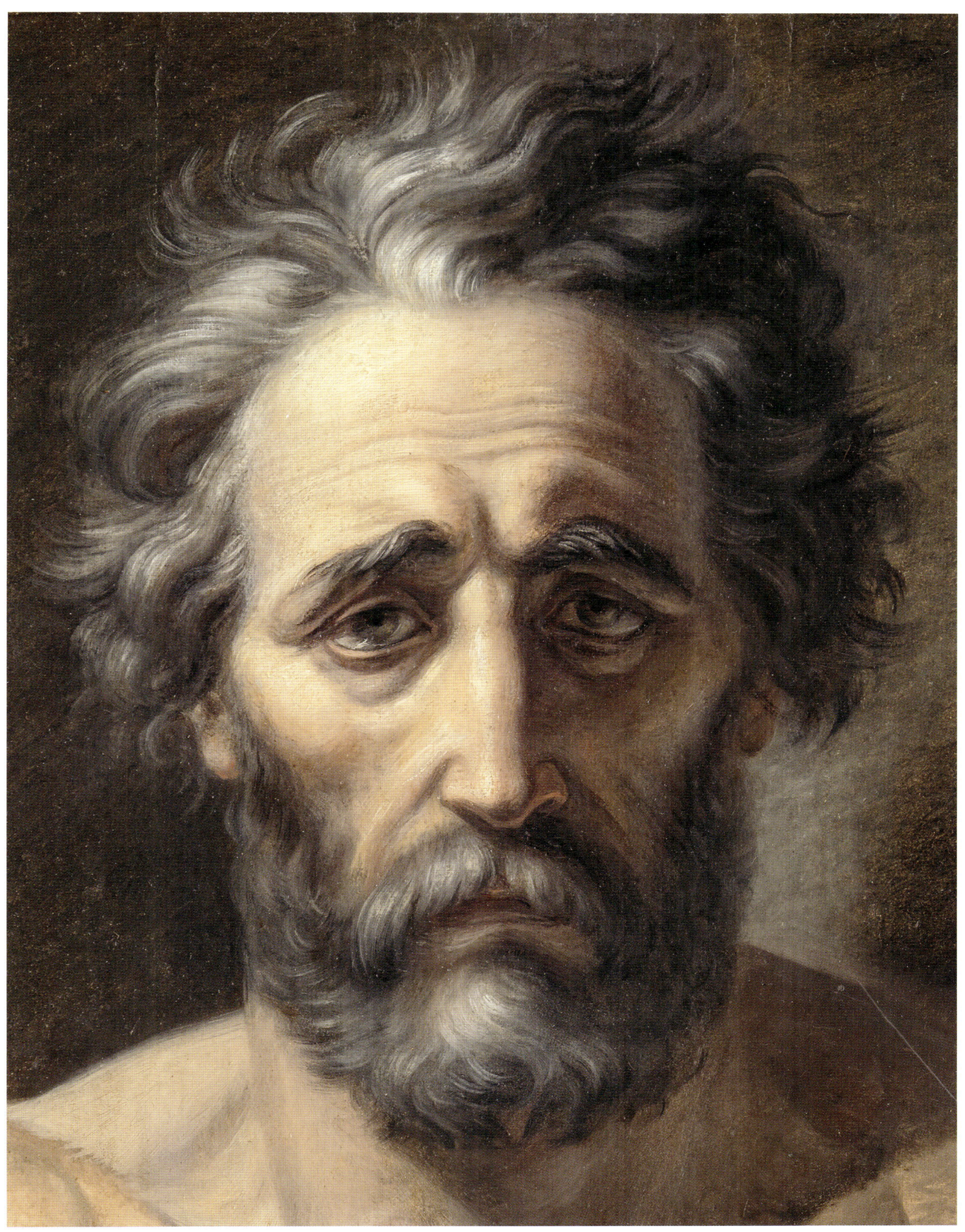

Pietro Benvenuti

(Arezzo 1769 – Firenze 1844)

Studio per "Il conte Ugolino in carcere" / *Study for the "Count Ugolino in prison"*

circa / around 1837

Matita e gesso bianco su carta preparata, 443 × 594 mm / Pencil and white chalk on prepared paper, 17.4 × 23.4 in
con cornice dorata, 54,5 × 70 cm / with gilded frame, 21.5 × 27.6 in

Tra i pochi disegni che si conoscono relativi alla fase preparatoria del dipinto *Il conte Ugolino in carcere*, questo foglio documenta un pensiero compositivo stilisticamente intermedio fra la resistente matrice neoclassica e le avvisaglie di temperie romantica che si riescono a valutare nel dipinto tramandato dalla litografia di Belliard, eseguita per il conte Guido Alberto della Gherardesca. Vi si nota innanzi tutto il carattere naturalistico dei personaggi che rivelano nel loro toccante patetismo la fresca identità del modello in posa; un intenso affondo sui sentimenti che si riflette sull'abbandono supplice del figlio e sull'impietrita fisionomia di Ugolino, la quale costituirà il principale fulcro emotivo dell'intera composizione dipinta. Sullo stesso foglio è presente lo studio per la figura del figlio con la variante delle braccia protese verso il padre a richiederne il soccorso secondo un'impostazione drammaturgica che verrà invece attribuita, sulla destra del dipinto, ad Anselmuccio mentre Gaddo, nella versione finale, si avvinghierà alla gamba sinistra di Ugolino con una espressione di più disperato terrore. Questo disegno conserva dunque ancora l'impronta di un *d'après nature* accentuato dal fatto che i modelli in posa sembrano indossare una sorta di calzamaglia che li riconduce ad una quotidiana situazione d'*atelier*, là dove la scelta finale di Benvenuti opterà per il nudo all'eroica e per una concitazione gestuale tuttora memore delle sue grandi composizioni neoclassiche. Infatti, tra quelli a noi noti, un disegno velocemente schizzato (collezione privata) raffigura al centro il conte Ugolino a torso nudo che rivolge lo sguardo ad uno dei figli disteso a terra ai suoi piedi[1]: figura, quest'ultima, che compare più precisamente definita in un altro foglio (collezione privata) dove si conferma la costante devozione di Benvenuti al 'bello ideale' tradotto nella purezza del segno che definisce un corpo di grazia apollinea[2]. Il modello antico si intuisce inoltre nel disegno preparatorio dell'intera scena (Gallerie degli Uffizi, GDSU inv. 92006) in cui la postura del conte Ugolino richiama con evidenza il gesto eroico del Laocoonte suggerendo così una calzante analogia fra le due paternità orbate dei figli, quella mitica e quella storica, con una sovrapposizione di tempo e di stile che ben si attaglia del resto al trascorrere di Benvenuti, negli anni Trenta del suo secolo, dall'ideale classico alle diverse declinazioni del 'Romanticismo storico'. Oltre al

Among the few known drawings from the preparatory phase of the painting *Count Ugolino in prison*, this page documents a compositional idea stylistically mid-way between the enduring neoclassical taste and the first signs of the romantic style that can be appreciated in the painting transmitted by Belliard's lithograph made for Count Guido Antonio della Gherardesca. One notes, first of all, the naturalistic aspect of the characters which reveal in their touching pathos the fresh identity of the posing models; a deep dive into the feelings reflected in the pleading abandon of the son and in the petrified physiognomy of Ugolino, to constitute the principal emotional centre of the entire painted composition. On the same sheet there is the study for the figure of the son with the variant of the arms extended towards the father to ask his help following a dramaturgical preparation to be attributed, on the right of the painting, to Anselmuccio while Gaddo, in the final version, clings to Ugolino's left leg with an expression of the most desperate terror. This drawing still maintains the imprint of a *d'après nature* highlighted by the fact that the posing models seemed to be wearing the kind of tights that connect them to an everyday atelier routine, where Benvenuti's finale choice would be to opt for heroic nudity and for a gestural excitement still mindful of his great neoclassic compositions. In fact, among those known, a fast sketched drawing (private collection) depicts in the centre the count Ugolino with his bare chest looking at one of his sons laying on the ground at his feet[1]: this last figure appears more precisely defined in another sheet (private collection) which confirms the constant devotion of Benvenuti to "ideal beauty" translated in the purity of the lines that define a body of Apollonian grace.[2] The ancient model can be also be perceived in the preparatory drawing of the entire scene (Gallerie degli Uffizi, GDSU inv. 92006) in which the posture of Count Ugolino evidently recalls the heroic gesture of Laocoon, suggesting a suitable analogy between the two fathers mourning the loss of sons, the mythical and the historical, with an overlapping of time and style in keeping with the rest of the activity of Benvenuti, in the 1830s, from the classic idea to the different declination of "Historical Romanticism". Beyond the retrieval of these drawings which, similar to ours, well

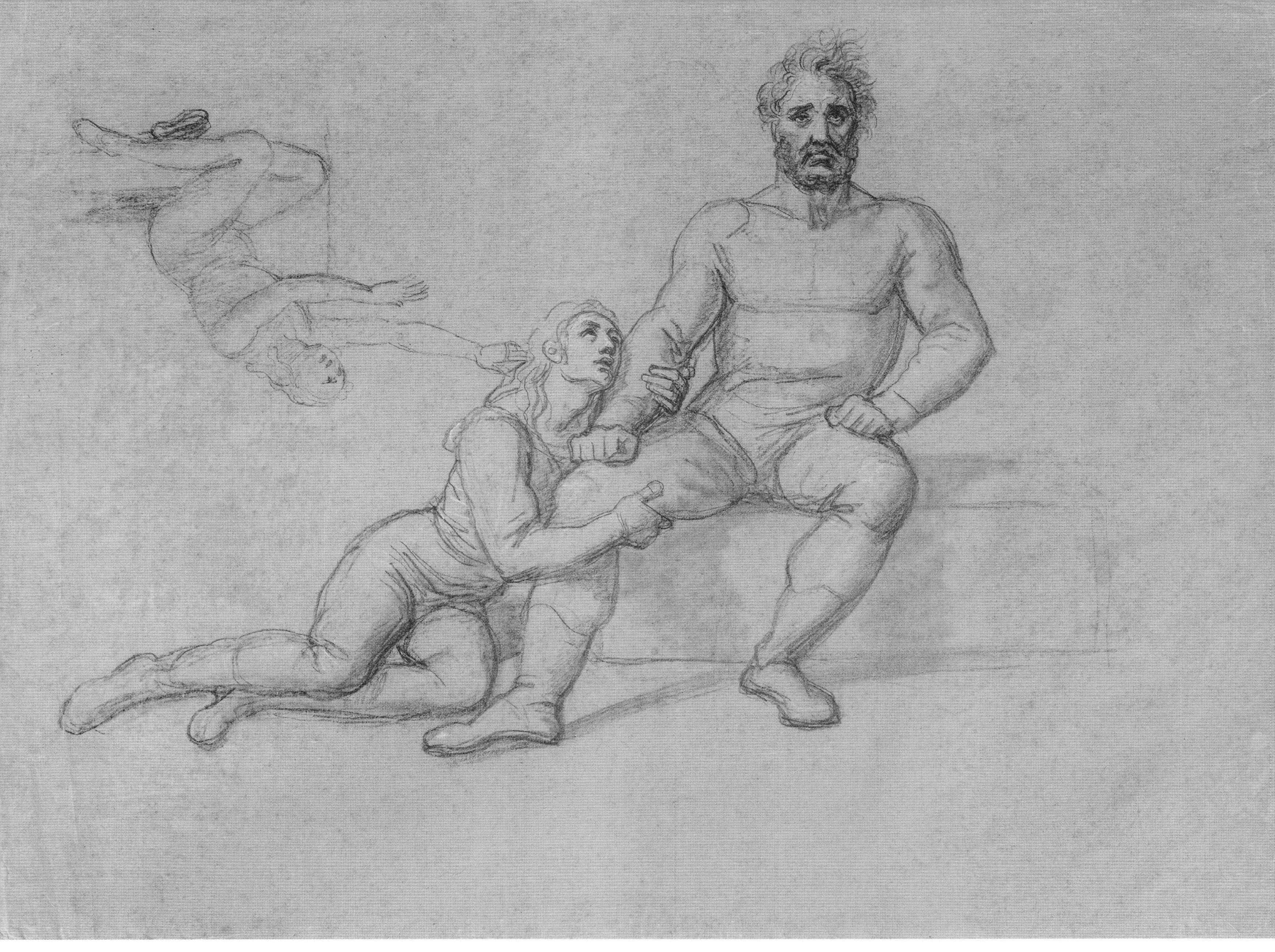

reperimento di questi disegni che, come il nostro, ben documentano l'"officina' di un dipinto il cui prestigio è tramandato dalle autorevoli menzioni di Antonio Zobi, di Saint-Maurice Cabany, di Melchiorre Missirini, risulta che un 'bozzetto' dell'opera, non altrimenti specificato, fu esibito nel 1840 all'Esposizione di Belle Arti e Manifatture all'Accademia Petrarca di Arezzo[3].

C.S.

document the making of a painting whose prestige is transmitted by the authoritative comments of Antonio Zobi, Saint-Maurice Cabany, and Melchiorre Missirini, a draft of the painting, not otherwise specified, is recorded to have been exhibited in 1840 at the Fine Art and Manufacture Exhibition of the Petrarch Academy in Arezzo.[3]

C.S.

NOTE

1. Cfr. L. Fornasari, *Pietro Benvenuti*, Firenze 2004, p. 380.
2. Cfr. *Pietro Benvenuti. Disegni*, a cura di L. Fornasari, catalogo della mostra (Saletta Gonnelli), Firenze 2002, p. 97.
3. Cfr. L. Fornasari, *Gli amici pittori di Leonardo Romanelli*, in 'Annali aretini', XI (2003), p. 208.

NOTES

1. Cf. L. Fornasari, *Pietro Benvenuti*, Florence 2004, p. 380.
2. Cf. *Pietro Benvenuti. Disegni*, edited by L. Fornasari, catalogue of the exhibition (Saletta Gonnelli), Florence 2002, p. 97.
3. Cf. L. Fornasari, *Gli amici pittori di Leonardo Romanelli*, in 'Annali aretini', XI (2003), p. 208.

Pietro Benvenuti
(Arezzo 1769 – Firenze 1844)

Carlo Brighenti
(?)

Zephirin Felix Jean Marius Belliard
(Marseille 1798 – Paris 1861)

Il conte Ugolino in carcere / *Count Ugolino in prison*
circa / around 1837
Litografia, 85,5 × 65,5 cm / Lithograph, 33.7 × 25.8 in
con cornice dorata, 79 × 59 cm / with gilded frame, 31.1 × 23.2 in

Iscrizioni: *I' non piangeva, sì dentro impietrai / Dante Inferno CXXXIII // A Sua Ecc: il Signor Conte Guido Alberto della Gherardesca / Cav.e dell'Ordine di S.Stefano Gran Croce di quello di S.Giuseppe. Consigliere intimo / Attuale di Stato e Maggiordomo Maggiore di S.A.I. e R. il Granduca di Toscana / L'Originale esiste presso l'Ecc. Sua.*

La litografia è preziosa e rara testimonianza di un perduto dipinto di Pietro Benvenuti che si trovava, come si evince dall'iscrizione presente sul foglio, nella residenza del conte Guido Alberto, figura eminente entro il contesto politico e culturale della Toscana al tempo del governo francese e poi della Restaurazione. Legato in giovinezza alla corte di Elisa Baciocchi il conte si sarebbe in seguito accreditato presso i granduchi lorenesi distinguendosi per il costante impegno posto nella bonifica delle sue proprietà di Maremma, che gli meritarono, tra l'altro, l'iscrizione all'Accademia dei Georgofili; mentre la sua abilità diplomatica gli fece ottenere importanti incarichi nell'ambito del granducato toscano, conquistando la fiducia e la familiarità di Leopoldo II. Nel 1828 il granduca gli conferisce il cavalierato del Reale Ordine al Merito di San Giuseppe, nel 1830 è nominato Maggiordomo della duchessa Maria Ferdinanda, vedova di Ferdinando III, nel 1833 riceve la carica di Maggiordomo Maggiore[1]: titoli che compaiono in calce alla litografia e che suggeriscono una datazione *post quem* dell'opera evidentemente commissionata dal conte Guido Alberto, in prova delle sue relazioni internazionali, alla stamperia di Zephirin Felix Jean Marius Belliard, una delle più prestigiose di Parigi. Antonio Zobi, nel 1840, scrive d'aver visto «una litografia fatta a Parigi» del dipinto e coglie quindi l'occasione per osservare come il verso citato a commento «non fosse esattamente appropriabile a quella composizione, poiché de' quattro tra figli e nipoti rinchiusi nel carcere insieme col conte Ugolino, due sono già freddi cadaveri ed ammucchiati sulle gambe del terzo che stringe

Inscription: *I did not cry, if inside I turned to stone / Dante's Inferno CXXXIII // To his Exc: Sir Count Guido Alberto della Gherardesca / Knight of the Order of St. Stephen and Grand Cross of the Order of St. Joseph. Private advisor / State Official and Chief Steward of HIH and R. the Grand Duke of Tuscany / The original shall be kept by his Exc. Himself.*

This lithograph is a precious and rare testament of a lost painting by Pietro Benvenuti that could be found, as can be deduced by the inscription, in the residence of Count Guido Alberto, eminent figure in the political and cultural context of Tuscany at the time of the French Government and then of the Restoration of the House of Lorraine. Linked in his youth to the court of Elisa Bonaparte Baciocchi, later on the Count gained the respect of the House of Lorraine Grand Dukes, distinguishing himself through his constant commitment in the reclamation of his properties in Maremma that earned him, among other things, the inscription at the Academy of Georgofili, while his diplomatic ability earned him important assignments in the Tuscan Grand Duchy, gaining the trust and friendship of Leopold II. In 1828 the Grand Duke awarded him the title of Knight of the Royal Order of Merit of Saint Joseph, in 1830 he was nominated the Steward of Princess Maria Ferdinanda of Saxony, widow of Ferdinand III, in 1833 he received the title of Chief Steward[1]: titles appearing at the foot of the lithograph suggesting a dating *post quem* of the work evidently commissioned by Count Guido Alberto to the print house of Zephirin Felix Jean Marius Belliard, one of the most prestigious in Paris, as proof of his international relations. In 1840 Antonio Zobi wrote to have seen "a lithograph made in Paris" of the painting and so took the occasion to observe that the verse quoted as a comment "could not exactly be appropriated for that composition, given that among four children and relatives imprisoned together with Count Ugolino, two are already cold cadavers huddled on

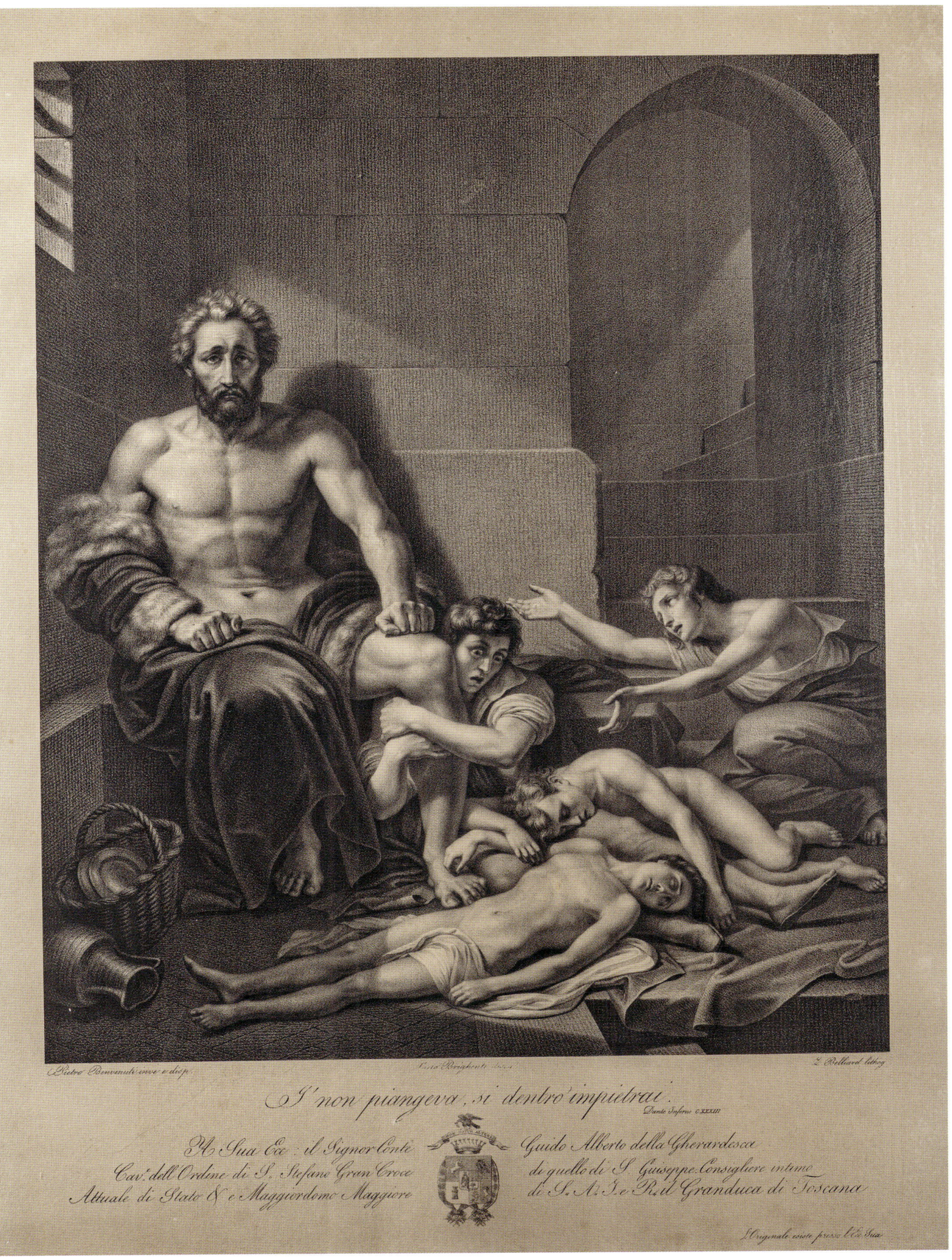

un ginocchio del seduto genitore; mentre il quarto gli tende le braccia in atto di chiedergli aita e soccorso. Il suddetto verso appartiene alla prima giornata dopo che fu chiusa la porta della torre fatale, e la composizione ricorda sicuramente la quinta. Nella quarta muore Gaddo, e gli altri perirono in seguito, come Dante per bocca di Ugolino ha detto: Vid'io cascar li tre ad uno ad uno / Fra 'l quinto dì e l'sesto…». L'analisi di Zobi si estende poi a descrivere sia la scena «commovente e luttuosa», l'«atteggiamento dignitoso» di Ugolino «vibrante dagli occhi sguardi d'ira feroce», sia il disegno «dottamente studiato, le forme scelte e squisite, gl'insieme naturali in modo, che nelle parti nude sembra vedere degli esseri reali. Il colorito robusto, fresco, trasparente e adattato»[2]: osservazioni che ci aiutano a immaginare lo stile del dipinto, di «figure più grandi del vero» secondo la fonte manoscritta pubblicata da Ugo Viviani[3] e, sempre a detta dello Zobi, eseguito dall'artista «nella maggior vigoria dell'età»[4]. La litografia consente dunque, anche in virtù della sua alta qualità, di fornire un'immagine compiuta del dipinto da allegare a queste testimonianze dirette ed ammirate, alle quali si devono aggiungere l'ampia e commossa lettura del quadro fatta da Saint-Maurice Cabany nel 1845[5] e, un anno prima, quella di Melchior Missirini che riconosceva nell'espressione del conte Ugolino «un nuovo spavento di morte»[6]. Secondo Liletta Fornasari, il dipinto fu eseguito da Benvenuti nel 1837 per il conte Della Gherardesca[7]: data che conviene al *post quem* indicato per l'esecuzione della litografia derivata dallo stesso ed anche alla condotta formale del dipinto, in cui le componenti classiciste mai venute meno nello stile dell'artista si accompagnano a soluzioni di temperie preromantica già in atto negli straordinari disegni preparatori per gli affreschi della Cappella dei Principi (1828-1830). La litografia parigina è citata, in relazione al dipinto dal quale è tratta, anche nella *Iconografia dantesca* di Ludwig Volkmann[8]; mentre si segnala la presenza di un esemplare della stessa presso l'Istituto Nazionale della Grafica di Roma (inv. FC 131223, cartella FN 215).

C.S.

the lap of the third, who holds tight to the knee of the sitting parent; while the fourth holds their arms in the act of asking for help and rescue. The above mentioned verse pertains to the first day after the door of the fatal tower was closed, and the composition surely registers the fifth. On the fourth day Gaddo died, and the others perished afterwards, as Dante with Ugolino's mouth said: I saw the three fall one by one / Between the fifth and sixth day…". Zobi's analysis extends to describe both the "moving and mournful" scene, the "dignified stance" of Ugolino "with gazes of ferocious anger vibrating from his eyes", and the drawing "intelligently studied, with selected and exquisite forms, the whole natural in a way such that in the nude sections one seems to see real beings. The colours robust, fresh, transparent and adapted"[2]: observations which help us imagine the style of the painting, with "larger than life figures" according to the manuscript published by Ugo Viviani[3] and, again according to Zobi, made by the artist "in the greatest strength of age".[4] The lithograph permits, also thanks to its high quality, to have a complete image of the painting to add to these direct and admiring accounts, to which must be added the significant and touching review of the painting made by Saint-Maurice Cabany in 1845[5] and, one year earlier, another by Melchior Missirini which recognised in the expression of Count Ugolino "a new fear of death".[6] According to Liletta Fornasari, the painting was made by Benvenuti in 1837 for the Count Della Gherardesca[7]: dating that fits with the *post quem* mentioned for the execution of the lithograph derived from the same and with the formal management of the painting, in which the classicist elements that never disappear in the artist's style are accompanied by new pre-romantic influences already present in the wonderful preparatory drawings for the frescos for the Florentine Princes Chapel (1828-1830). The Parisian lithograph is cited as well, related to the painting to which it refers, in *Dantesque Iconography* by Ludwig Volkmann[8], while the presence of one of its exemplars is noted in the National Graphic Institute in Rome (inv. FC 131223, cartella FN 215).

C.S.

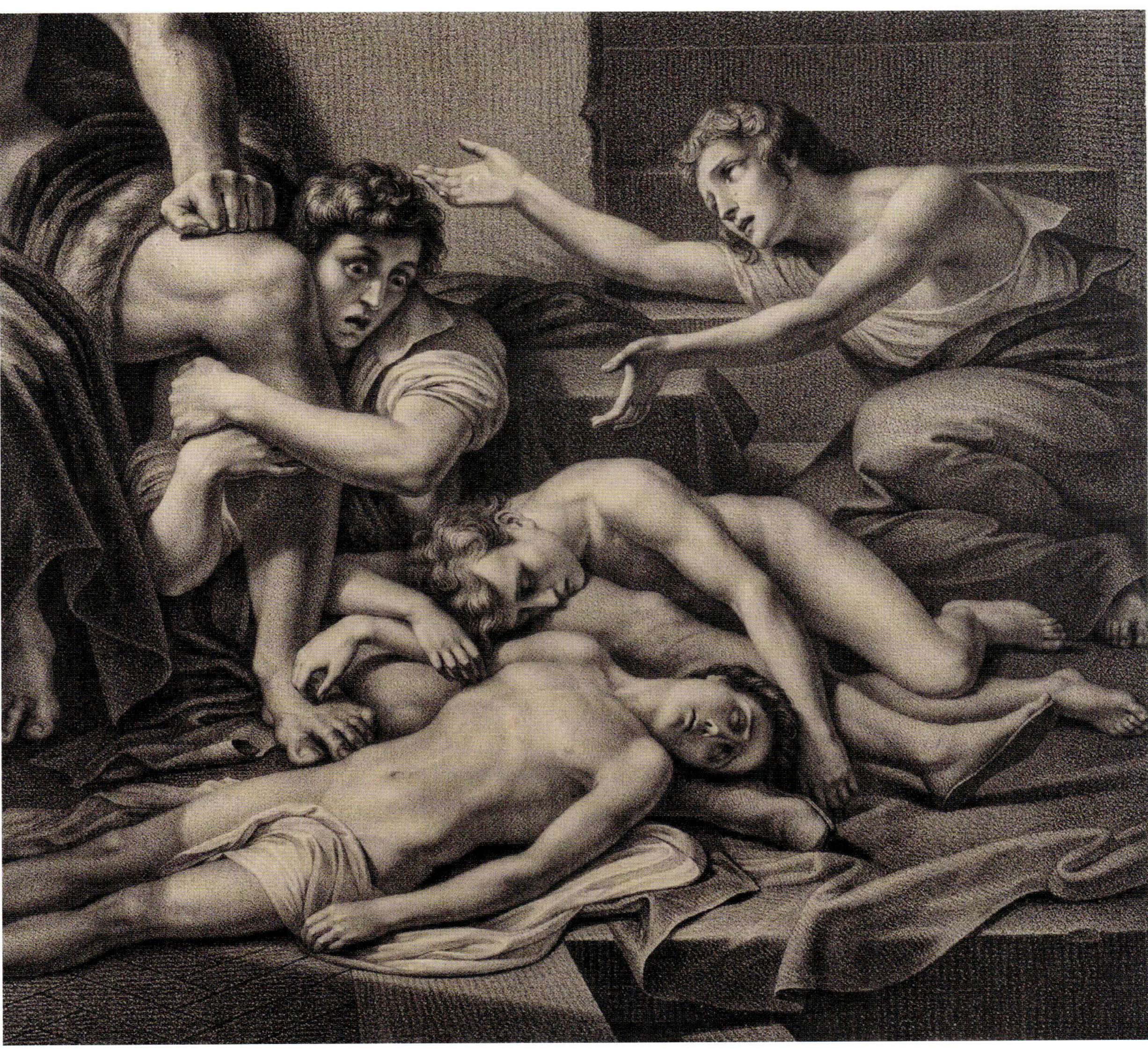

Note

1. Cfr. U. della Gherardesca, *Il conte Guido Alberto della Gherardesca. Un personaggio toscano che operò con prestigio nella prima metà del 1800*, Pontedera 2001.
2. Cfr. A. Zobi, *Considerazioni storico-critiche di Antonio Zobi sulla catastrofe di Ugolino Gherardesca conte di Donoratico*, Firenze 1840, pp. 31-32.
3. Cfr. U. Viviani, *Arezzo e gli Aretini. Pagine raccolte dal dott. Ugo Viviani*, Arezzo 1921, p. 184.
4. Cfr. *Zobi cit.*, p. 32.
5. Cfr. E. Saint-Maurice Cabany, in *Le Nécrologe Universel du XIX siècle*, Tome premier, Paris 1845, pp. 258-259.
6. Cfr. M. Missirini, *Biografia. Pietro Benvenuti*, in 'Poliorama pittoresco', 20 aprile 1844, III (1838-1839), p. 292.
7. Cfr. L. Fornasari, *Pietro Benvenuti: dagli esordi ai rapporti con il Romanticismo. Aspetti della formazione e aggiunte al catalogo delle opere*, in 'Antichità Viva', XXXV, nn. 5-6, 1998, p. 41.
8. Cfr. L. Volkmann, *Iconografia dantesca. Le rappresentazioni figurative della Divina Commedia*, ed. italiana a cura di G. Locella, Firenze-Venezia 1898, p. 133.

Notes

1. Cf. U. della Gherardesca, *Il conte Guido Alberto della Gherardesca. Un personaggio toscano che operò con prestigio nella prima metà del 1800*, Pontedera 2001.
2. Cf. A. Zobi, *Considerazioni storico-critiche di Antonio Zobi sulla catastrofe di Ugolino Gherardesca conte di Donoratico*, Florence 1840, pp. 31-32.
3. Cf. U. Viviani, *Arezzo e gli Aretini. Pagine raccolte dal dott. Ugo Viviani*, Arezzo 1921, p. 184.
4. Cf. *Zobi cit.*, p. 32.
5. Cf. E. Saint-Maurice Cabany, in *Le Nécrologe Universel du XIX siècle*, Tome premier, Paris 1845, pp. 258-259.
6. Cf. M. Missirini, *Biografia. Pietro Benvenuti*, in 'Poliorama pittoresco', April 20th 1844, III (1838-1839), p. 292.
7. Cf. L. Fornasari, *Pietro Benvenuti: dagli esordi ai rapporti con il Romanticismo. Aspetti della formazione e aggiunte al catalogo delle opere*, in 'Antichità Viva', XXXV, nn. 5-6, 1998, p. 41.
8. Cf. L. Volkmann, *Iconografia dantesca. Le rappresentazioni figurative della Divina Commedia*, italian ed. edited by G. Locella, Florence-Venice 1898, p. 133.

Luigi Sabatelli

(Firenze 1772 – Milano 1850)

Morte di Assalonne / *Death of Absalom*

1792-1793

Penna su carta, 202 × 272 mm / Pen on paper, 7.9 × 10.7 in

I capelli fatalmente impigliati nel ramo d'un albero di terebinto, Assalonne, «sospeso fra terra e cielo», sta per morire trafitto da una lancia di Joab (2 Sam 13; 18, 5).

Il disegno, che traspone il passo biblico con chiarezza filologica, restituisce l'intensa drammaticità dell'episodio con un tratto sicuro, rapido, spigliato, e con un uso meditato dei contrasti luminosi-o, meglio, della 'macchia', per usare un'espressione dell'artista-in grado di rendere lampanti il terrore del protagonista consapevole del suo destino, e la ferocia del carnefice.

Eseguito a Roma all'inizio degli anni novanta del Settecento, il foglio si connota per i pregi disegnativi e per l'intelligenza della composizione incentrata sulla figura della vittima in una posa ispirata a quella dell'angelo in volo nella *Cacciata di Eliodoro dal tempio* di Raffaello, sapientemente adattata al nuovo contesto. Il suo stile è indicativo degli interessi sollecitati nel giovane Sabatelli da quanto veduto e ammirato nella capitale pontificia dove era giunto diciassettenne nel 1789, e dove sarebbe rimasto fino al 1794; soggiorno che si rivelò decisivo per l'apertura intellettuale del pittore, permettendogli, insieme alla conoscenza diretta dell'arte del passato, il confronto con i modelli figurativi più attuali in ambito europeo.

L'opera rivela, infatti, le riflessioni di Sabatelli aggiornate tanto sul neoclassicismo alla francese di ascendenza davidiana, magari mediato dall'esempio «accigliato» di Fabre[1], quanto sull'illuminismo, lucido e visionario ad un tempo, che aveva in Füssli e nella colonia anglosassone i più autorevoli esponenti. A indirizzare l'attenzione dell'artista verso queste due differenti concezioni estetiche avevano per altro contribuito stimoli ricevuti in patria: da Pietro Pedroni, suo amato maestro all'Accademia, l'ammirazione per l'austerità classicista della pittura francese; quella per il tono ora sublime ora ironico dell'arte di Füssli e del suo seguito, dall'amore per la cultura inglese diffuso a Firenze grazie soprattutto all'attività letteraria di Lorenzo Pignotti[2].

Per la rapidità d'esecuzione e il risultato maestrevole del 'tocco in penna' val la pena ricordare le parole, non prive d'orgoglio, di Sabatelli stesso, relative a una sua giovanile esperienza di autore di un'accademia di nudo «fatta alla prima» e riuscita tanto perfetta da suscitare l'entusiasmo

With hair fatally entangled in the branch of a terebinth tree, Absalom "suspended between the earth and sky", is about to die stabbed by one of Joab's lances (2 Sam 13; 18, 5).

The drawing, translating the biblical passage with philological clarity, restores the intense drama of the episode with a sure, fast and confident stroke and with a thoughtful use of luminous contrasts-or, better, of the "stain", to use the artist's expression-capable of making obvious the terror of the protagonist conscious of his destiny, and the ferocity of the executioner.

Made in Rome at the beginning of 1790s, the page is characterized by the strength of its drawing and for the intelligence of the composition based on the figure of the victim in a pose inspired by the one of the flying angels in the *The Expulsion of Heliodorus from the Temple* by Raphael, wisely adapted to the new context. The style indicates the interests stimulated in the young Sabatelli by what he saw and admired in the pontifical capital where he arrived in 1789 when he was 17 years old, and where he remained until 1794; a stay that was decisive for the intellectual opening of the painter, allowing him, together with a direct knowledge of the art of the past, comparison with the most modern figurative models in the European context.

The work reveals, in fact, Sabatelli's reflections updated either on the French neoclassicism of Jacques-Louis David descent, probably mediated by Fabre's thoughtful example "frowning, serious"[1], or on the enlightenment, lucid and visionary at the same time, that found in Füssli and in the Anglo-Saxon colony the most eminent exponents. Inspiration from his homeland also contributed to direct the attention of the artist towards these two different aesthetic conceptions: from Pietro Pedroni, his beloved professor at the Academy, the admiration for the classicist austerity of French painting; that for the tone both sublime and ironic of Füssli and his followers' art, from the love for the English culture widespread in Florence mostly thanks to the literary activity of Lorenzo Pignotti.[2]

For the rapidity of execution and the masterly result of the "pen sketch" it is worth remembering the words, not without pride, of Sabatelli himself, related to his juvenile experience as the author of a nude academia "well done on the first try" and so perfectly executed as to provoke

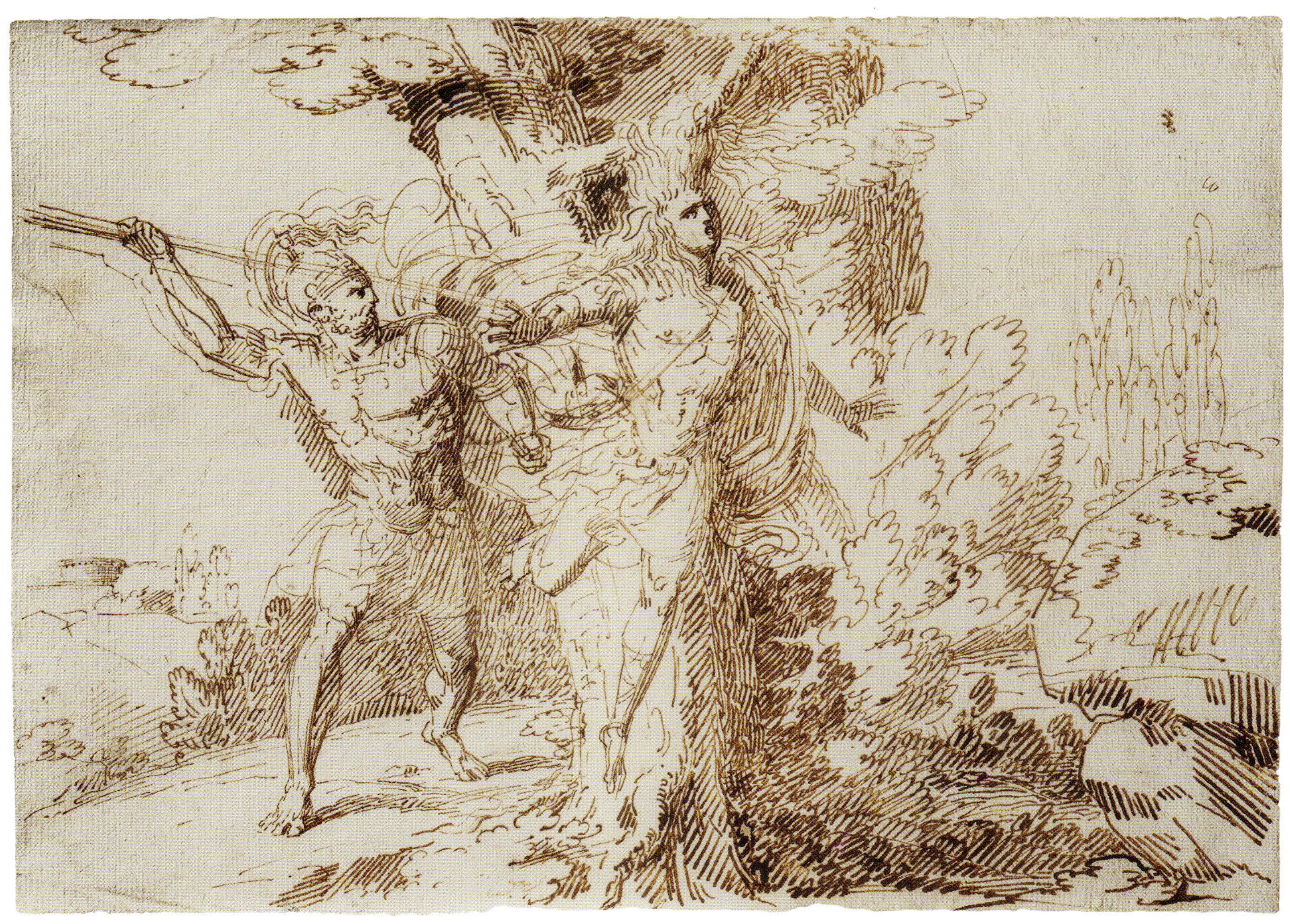

Recto

dei compagni di studio; d'altronde, fu proprio grazie alla sua abilità nell'uso di quella particolare tecnica che il pittore si fece strada «ad una certa tal quale reputazione» fin da quando studiava a Roma, perché moltissimi dei «soggetti greci, romani, ebraici, danteschi, fiorentini, omerici, ecc., ecc., insomma senza numero», da lui eseguiti allora, furono incisi all'acquaforte, e molti egli ne vendé «per pochissimo prezzo»[3].

Un simile destino ebbe anche il disegno raffigurante la *Morte di Assalonne*; da esso, Damiano Pernati trasse un'incisione per la serie raccolta sotto il titolo di *Pensieri diversi di Luigi Sabatelli*, pubblicata a Roma nel 1794. Come si deduce dal titolo completo della raccolta, *Pensieri diversi di Luigi Sabatelli Pubblicati ed incisi da Damiano Pernati, Roma MDCCXCV. I disegni originali presso i Sig.ri Romero e Comp.*, il foglio all'epoca faceva parte del novero di quanti già venduti o in procinto di esserlo.

È considerando la qualità estetica e il tenore sublime dei disegni giovanili dell'artista che Tommaso Puccini, l'erudito pistoiese profondo estimatore dell'opera del pittore, di cui fu attento collezionista, asserì nel suo libro sulle arti in Toscana, che Luigi Sabatelli «con la sua penna guidata da una mano obbedientissima alla sua fervida immaginazione, esibiva ogni giorno soggetti nobilissimi dell'istoria, e della mitologia», assolutamente originali per «la flessibilità e la prontezza del vivo», esito di «rapide osservazioni sul movimento esterno della natura»: soggetti «che gli eccitavano da un lato l'invidia, e dall'altro l'ammirazione degli artefici»[4].

Sul verso del foglio, al centro, è tratteggiata a penna una prima idea per il busto di Joab.

SI.BI.

Note

[1] Cfr. C. Del Bravo, *Una gioventù filosofica*, in *Luigi Sabatelli (1772-1850). Disegni e incisioni*, catalogo della mostra (Firenze, Gabinetto dei Disegni e delle Stampe degli Uffizi), Firenze 1978, pp. 9-11, p. 9.

[2] Cfr. *Idem*, p. 11.

[3] Cfr. *Cenni biografici sul Cav. Prof. Luigi Sabatelli scritti da lui medesimo e raccolti dal figlio Gaetano, pittore*, Milano 1900, pp. 9, 26.

[4] Cfr. T. Puccini, *Dello Stato delle Belle Arti in Toscana. Lettera del Cavaliere Tommaso Puccini segretario della R. Accademia di Firenze al signore Prince Hoare Segretario della R. Accademia di Londra*, Firenze 1807, p. 23.

his schoolmates' enthusiasm; on the other hand, it was thanks to his ability in the use of this particular technique that the painter obtained a strong reputation since when he studied in Rome, because many of his "Greek, Roman, Hebrew, Dantesque, Florentine, Homeric etc. etc. in short, innumerable subjects" in that period were etched, and many of these were sold "for a small price".[3]

The drawing displaying the *Death of Absalom* had a similar destiny; from it, Damiano Pernati obtained an engraving for the series collected under the title *Pensieri diversi di Luigi Sabatelli* published in Rome in 1794. As we can deduce from the complete title of the collection *Pensieri diversi di Luigi Sabatelli Pubblicati ed incisi da Damiano Pernati, Roma MDCCXCV. I disegni originali presso i Sig.ri Romero e Comp.* (Different thoughts by Luigi Sabatelli published and engraved by Damiano Pernati, Rome. The original drawings are at Misters Romero and Company) the page at the time was part of a group of those already or almost sold.

Considering the aesthetic quality and the sublime tone of the juvenile drawings of the artist, Tommaso Puccini, the erudite from Pistoia and deep admirer and careful collector of the painter's works, asserted in his book on the Arts in Tuscany that Luigi Sabatelli "with his pen guided by a hand strongly obedient to his fervid imagination, used to exhibit every day very noble subjects of history and of mythology", absolutely original for "their flexibility and living alacrity", result of "rapid observations of the external movement of nature:" subjects "that excited on one hand envy and on the other admiration in their creators".[4]

On the back of the sheet, in the centre, a first idea for the bust of Joab is outlined in pen.

SI.BI.

Notes

[1] Cf. C. Del Bravo, *Una gioventù filosofica*, in *Luigi Sabatelli (1772-1850). Disegni e incisioni*, catalogue of the exhibition (Florence, Department of Prints and Drawings of the Uffizi), Florence 1978, pp. 9-11, p. 9.

[2] *Idem*, p. 11.

[3] Cf. *Cenni biografici sul Prof. Luigi Sabatelli scritti da lui medesimo e raccolti dal figlio Gaetano, pittore*, Milan 1900, pp. 9, 26.

[4] Cf. T. Puccini, *Dello Stato delle Belle Arti in Toscana. Lettera del Cavaliere Tommaso Puccini segretario della R. Accademia di Firenze al signore Prince Hoare Segretario della R. Accademia di Londra*, Florence 1807, p. 23.

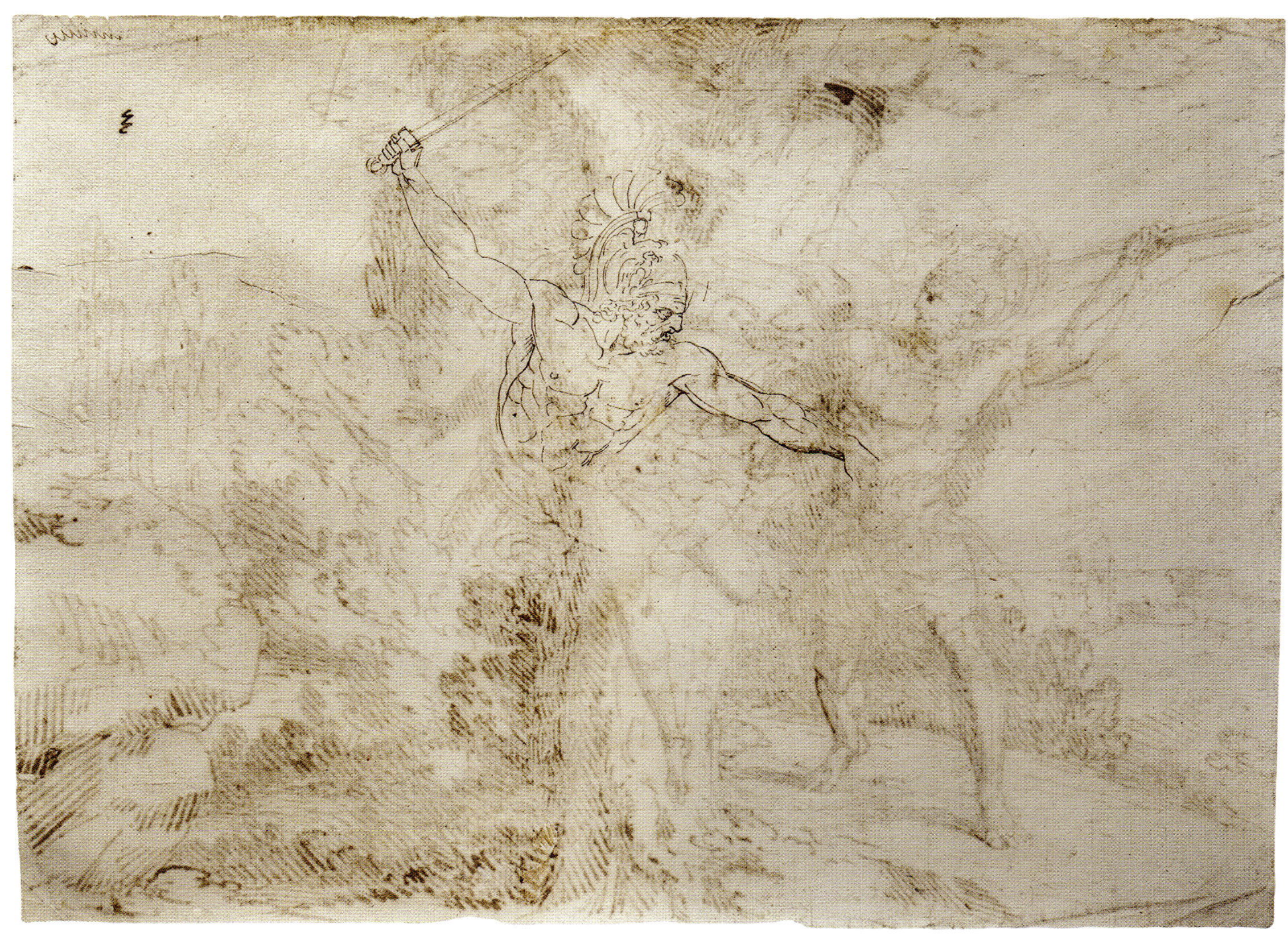

Verso

Bénigne Gagneraux

(Dijon 1756 – Firenze 1795)

Riti e simboli delle "idee religiose" / *Rituals and symbols of "religious ideas"*

circa / around 1793-1795

Olio su tela, 62 × 52,9 cm / Oil on canvas, 24.4 × 20.8 in

«Voi Giapponesi, il vostro toro che rompe l'uovo del mondo non è altro che quello del cielo che un tempo apriva l'età della creazione, l'equinozio di primavera. È lo stesso bue Api che adoravano in Egitto e che i vostri avi, o rabbini ebrei, adoravano anche nell'idolo del vitello d'oro. È ancora il vostro toro, figli di Zoroastro, che, sacrificato nei misteri simbolici di Mitra, versava un sangue freddo sulla terra. E voi cristiani, il vostro bue dell'Apocalisse, con le sue ali, simbolo dell'aria non ha un'altra origine; e il vostro agnello di Dio, immolato come il toro di Mitra per la salvezza del mondo, altro non è che il sole stesso nel segno dell'ariete celeste…». I simulacri divini citati nel brano tratto da *Les Ruines, ou méditation sur les révolutions des empires* di Volney sono solo alcune delle immagini raffigurate da Bénigne Gagneraux in un dipinto vòlto a illustrare l'assunto principale di quel testo edito nel 1791 e destinato ad avere da subito una straordinaria risonanza[1].

Negli anni immediatamente precedenti alla rivoluzione francese, la meditazione sulle rovine della città di Palmira rappresentò per Constantin-François de Chasseboeuf conte di Volney, erudito e filosofo formatosi nel colto ambiente illuminista dei salotti del barone d'Holbach e di Madame Helvétius, frequentati da Voltaire, Diderot, D'Alembert, Benjamin Franklin, uno struggente motivo di riflessione sulla storia dell'umanità, e sulle prevaricazioni di una nazione sull'altra, fomentate dalle varie credenze religiose, ciascuna ritenuta dai popoli che la praticavano, la sola vera e infallibile. La ragione illuminista, rivelando la comune origine 'astralista' delle idee religiose, avrebbe smantellato fanatismo e intolleranza, ostacolo al progresso della società, e aperto la via a una concordia universale fondata sulla ricerca della *loi naturale*.

Gagneraux elabora una composizione complessa ma pacatamente cadenzata, tale da articolare armonicamente fra loro le numerose figure che popolano la scena apparentemente pervasa di mistero, ma il cui significato è reso palese dalla lettura di *Les Ruines*. Fra i pochi ruderi, lacerti di un grandioso passato, e le piramidi affioranti fra le nubi fumose – memoria dell'antico e al contempo rimando alla culla delle religioni – sono le effigi di un sacerdote ebraico in preghiera dinanzi all'arca su cui è posata una menorah, delle due vestali intente a alimentare il fuoco sacro, delle

"You Japanese, your bull breaking the cosmic egg is nothing more than the one of the Sky that once opened the Age of Creation, the spring equinox. It is the same ox Apis adored in Egypt and that your ancestors, or Jewish rabbis, adored in the idol of the golden calf. It is still your bull, sons of Zoroaster, that, sacrificed in the symbolic mysteries of Mitra, poured cold blood on the earth. And you Christians, your ox of the Apocalypse, with its wings, symbol of air does not have another origin; and your lamb of God, immolated like the bull of Mitra for saving the world, is nothing other than the Sun itself in the sign of the celestial Aries…" the divine simulacrums quoted in this excerpt from *Les Ruines, ou méditation sûr les révolutions des empires* by Volney are just some of the images depicted by Bénigne Gagneraux in a painting dedicated to illustrating the principal assumption of that essay published in 1791 and destined to have from the beginning an extraordinary resonance.[1]

In the years immediately before the French Revolution, the meditation on the ruins of the town of Palmyra was for Constantine-François de Chasseboeuf count of Volney, scholar and philosopher trained in the erudite Enlightened environment of the cultural gathering of Baron d'Holbach and of Madame Helvétius, frequented by Voltaire, Diderot, D'Alembert, Benjamin Franklin, a consuming reason for meditation on the history of the humanity, and on the prevarications of nations over one another, encouraged by various religious beliefs, each one seen by the population practising it as singular and infallible. The Age of Enlightened reason, revealing the common "astralism" origin of religious ideas, would have dismissed fanaticism and intolerance, obstacles of the progress of society, and opened the way for universal concord based on research of the *Loi naturale*.

Gagneraux elaborates a complex but quietly cadenced composition, so as to harmonically articulate the numerous figures populating the scene, apparently pervaded by mystery, but of whose significance is made explicitly clear by the reading of *Les Ruines*. Among the few ruins, fragments of a glorious past, and the pyramids appearing through the smoky clouds – memory of the antique and at the same time remembrance of the birth of religions – are the

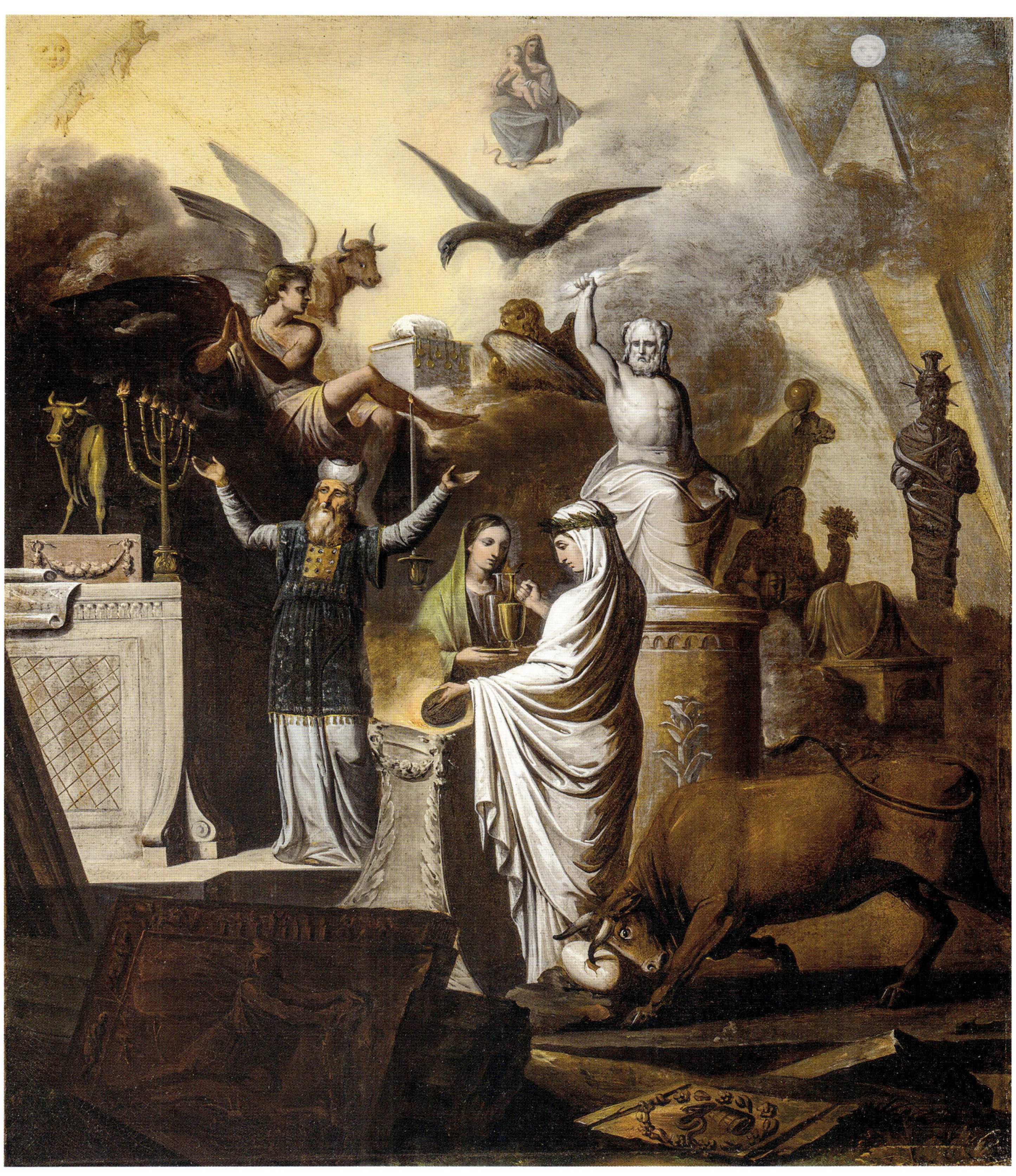

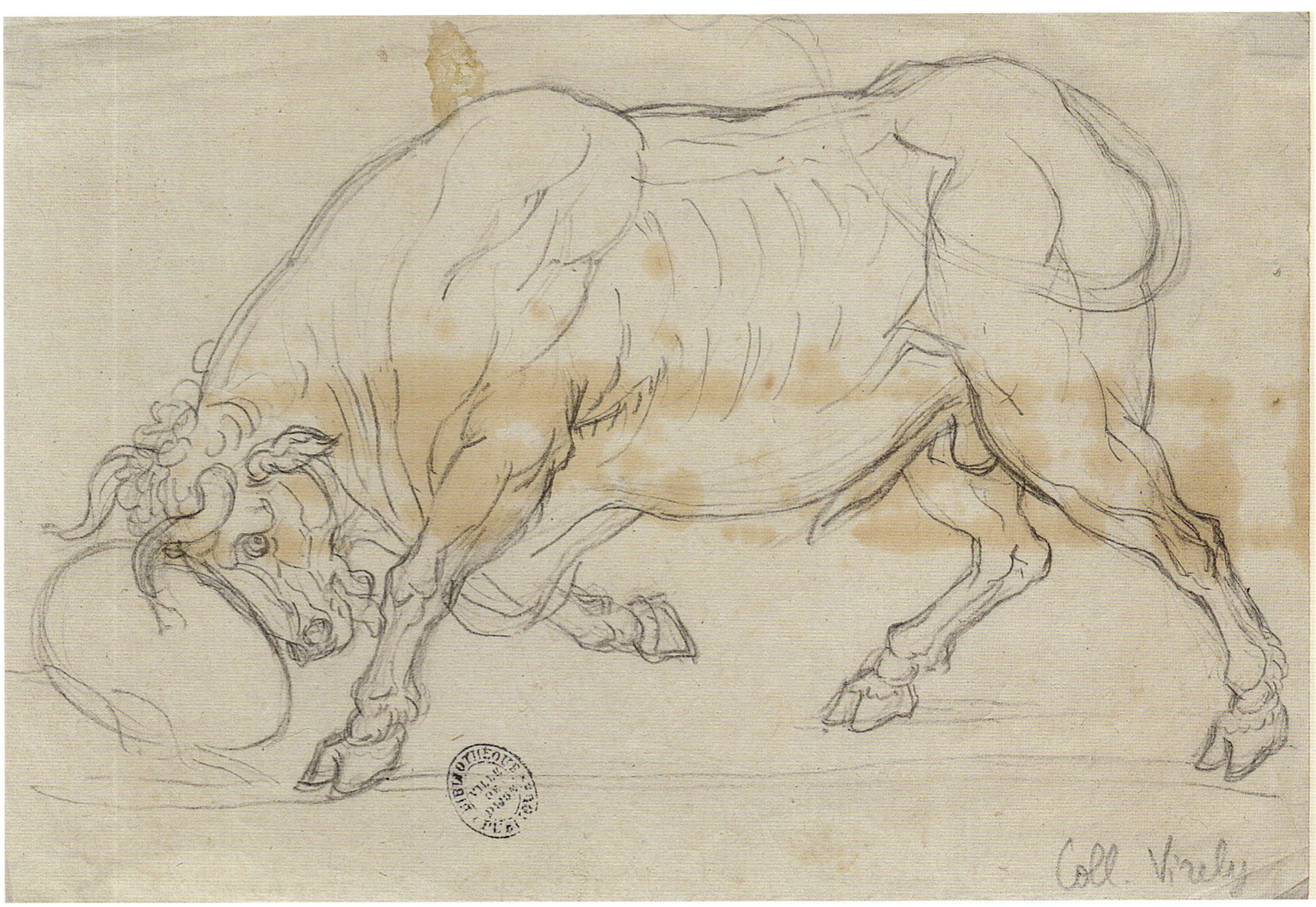

(a) Le Taureau, carboncino su carta / chalk on paper, 160 × 232 mm / 6.29 × 9.13 in. Bibliothèque municipale de Dijon

statue di Giove tonante e di Mitra, insieme alla mole del toro in primo piano e all'immagine della Vergine con il Bambino al seno, raffigurata nell'atto di schiacciare il serpente al culmine della volta celeste percorsa dai segni dello zodiaco dalla solarità primaverile all'ombra lunare dell'inverno, che rendono esplicito il riferimento all'opera di Volney, e al XXII capitolo in particolare: *Origine e filiazione delle idee religiose*, nel quale l'autore descrive nel dettaglio motivi e simboli dei culti d'oriente e d'occidente.

L'attribuzione a Gagneraux del dipinto ha una puntuale conferma nella figura del toro nell'atto di forare con il corno l'uovo primordiale, il cui disegno preparatorio, già appartenuto alla collezione Virely di Digione e oggi conservato nella Biblioteca municipale della città (inv. L. 675 b) *(a)*, venne reso noto una quarantina d'anni or sono da Sylvain Laveissière, ma allora messo erroneamente in relazione con l'incisione *Le Taureau furieux* realizzata dall'artista nel 1788[2].

Eseguito con ogni probabilità a Firenze, dove l'artista si era rifugiato nel 1793 fuggendo da Roma in seguito alla rivolta antifrancese culminata nell'assassinio di Hugou de

effigies of a Jewish priest praying in front of an ark upon which is placed a Menorah, of two vestal virgins fostering the sacred fire, of statues of the thundering Jupiter and of Mitra, together with the mass of a bull in the foreground and with the image of a Virgin with a baby at her breast, portrayed in the act of crushing the snake at the top of the cosmic vault crossed by zodiacal signs from the spring sunshine to the moon shadow of the winter, making explicit the reference to the Volney book, and to chapter XXII specifically: *Origins and parentage of religious ideas*, where the author describes in detail reasons and symbols of eastern and western religions.

The attribution of the painting to Gagneraux has a timely confirmation in the figure of the bull making a hole in the cosmic egg, of which the preparatory drawing, before in the Collection of Virely in Dijon and today in the Municipal Library of the town (inv. L.675 b) *(a)* was published around 40 years ago by Sylvain Laveissière, but mistakenly linked to the etching *Le Taureau furieux* made by the artist in 1788.[2]

Made very likely in Florence, where the artist found

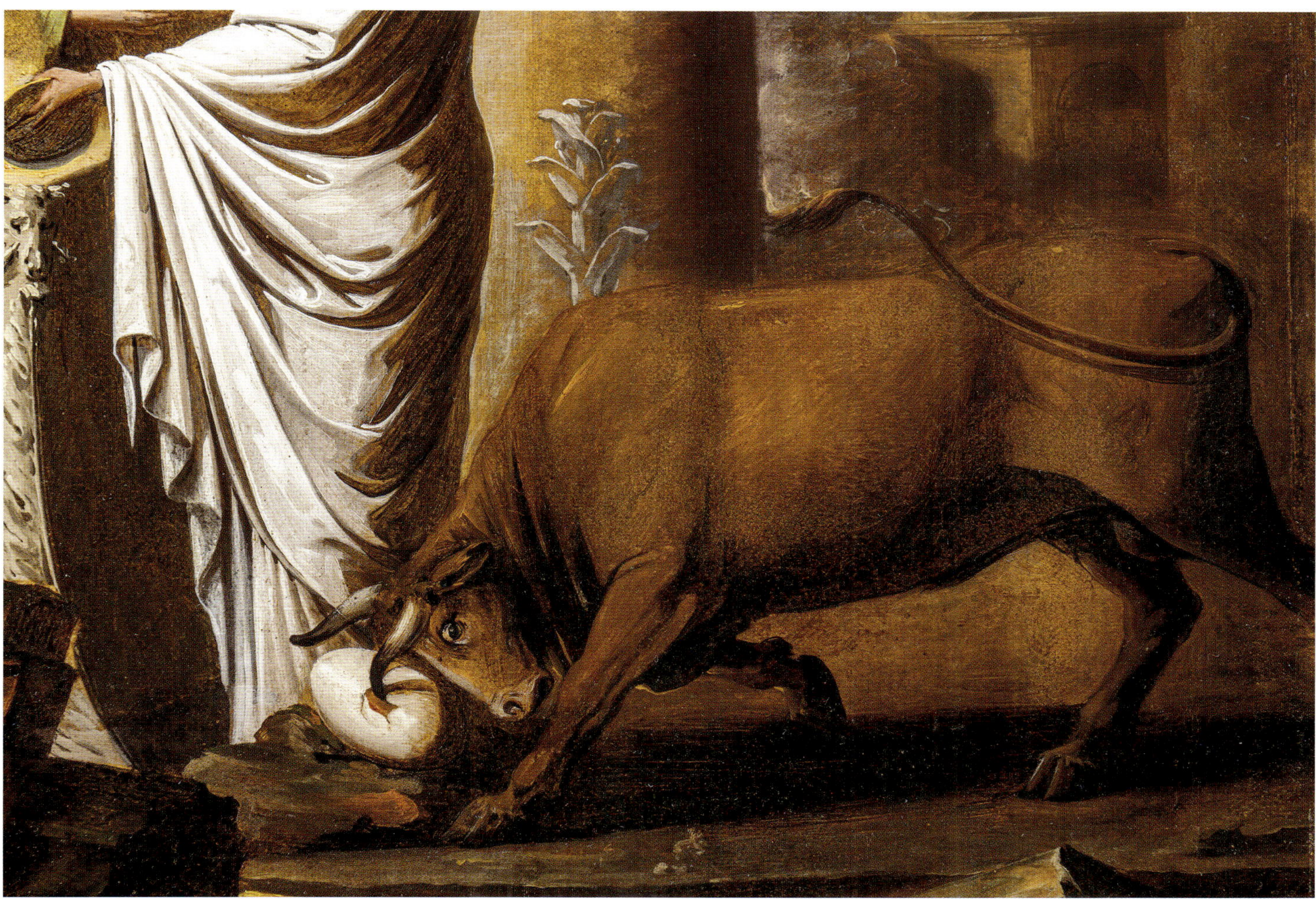

Bassville, il quadro è oggi noto grazie al ritrovamento di questo bozzetto; al dipinto non si fa cenno nell'elenco redatto dal pittore delle opere da lui compiute nella capitale del granducato toscano, né alcun ricordo del soggetto affiora dai documenti relativi all'attività di Gagneraux negli anni fiorentini durante i quali egli godé della stima dei colleghi, tanto da essere nominato professore all'Accademia di Belle Arti, e dell'apprezzamento dei collezionisti, in particolare stranieri. Così almeno asseriva François Cacault, ministro plenipotenziario di Francia, in una breve nota sull'artista, «peintre de première classe d'un talent connu», il quale, dopo essersi stabilito a Firenze, si manteneva dipingendo «quelques tableaux pour les étrangérs»; purtroppo, però, proseguiva Cacault, «sa tête n'est pas forte: il devint fou à Rome à l'époque du massacre de Basseville»[3].

Fra gli stranieri per i quali Gagneraux lavorò durante il soggiorno a Firenze, o con cui intessé rapporti d'amicizia e di lavoro, vi furono alcune personalità svedesi come il barone Gustaf Mauritz Armelft, già funzionario di corte del re Gustavo III ma all'epoca in esilio, la principessa Sofia Albertina, il medaglista Lars Grandel, lo scultore

refuge in 1793 escaping Rome after the anti-French strike culminating with the murder of Hugou de Bassville, the painting is now known thanks to the discovery of this draft; the painting is not mentioned in the list written by the artist regarding the works he made in the Capital of the Gran duchy of Tuscany, nor does any mention of the subject appear in the documents related to Gagneraux's activity in the Florentine years during which he was esteemed by his colleagues, especially foreigners. So, at least, said François Cacault, plenipotentiary minister of France, on a short note on the artist, "a first class painter with a very well known talent" who, after establishing himself in Florence, supported himself making "some paintings for foreigners" unfortunately, continued Cacault "his head is not strong. He went mad in Rome during the time of the massacre of Basseville".[3]

Among the foreigners for whom Gagneraux worked during his time in Florence, or with whom he had a working or friendly relationship, were some important Swedish figures like Baron Gustaf Mauritz Armelft, Court Officer of King Gustav III, who was in exile at that time, Princess

Tobias Sergel[4], e il ginevrino Jean de Sellon per il quale il pittore eseguì più di un quadro e che lo ospitò per oltre un anno nella sua villa alla Mattonaia[5].

Ma nessuno di loro richiese all'artista un tema così particolare e così indicativo di uno specifico interesse culturale e etico aggiornato su un'opera di chiara impostazione illuminista come *Les Ruines*, aperta a una concezione innovativa del progresso sociale fondato sulla ragione e sull'ordine naturale che in ambito religioso avrebbe portato al riconoscimento di un'origine comune dei culti e quindi all'eliminazione di sopraffazioni e di violenze.

E allora potremmo chiederci se Gagneraux non avesse dipinto proprio per sé quel soggetto che negli anni della rivoluzione proponeva un modello di società dove, grazie alla superiorità delle leggi naturali, avrebbero trionfato giustizia e pace[6]. Una speranza da contrapporre alla sfiducia nel genere umano che da tempo angosciava l'artista, suscitandone ansie e indeterminatezza riguardo al proprio futuro.

Lo stato di sofferenza dello spirito in cui versava il pittore, quella 'pazzia' rammentata da Cacault, era stato provocato dal disorientamento dinanzi alla sopraffazione omicida della *populace* antifrancese, ma a turbare profondamente l'animo di Gagneraux era stato l'atteggiamento di persone che gli erano state amiche negli anni romani, di Jean-Baptiste Wicar, prima di tutte, il quale tornato a Parigi nel 1793 per schierarsi a favore della rivoluzione, capeggiò denunce e petizioni contro l'artista ritenuto antipatriota, dettate da astio personale quando non dal desiderio di nuocere[7]. «J'ai connu, mais trop tard, des monstres qui me donnait le titre d'ami», rivelò con amarezza Gagneraux[8]. Un tradimento che minò la serenità dell'artista e che lo avrebbe portato a mettere fine alla sua vita gettandosi dalla finestra il 18 agosto 1795.

SI.BI.

Sofia Albertina, medallist Lars Grandel, sculptor Tobias Sergel[4] and the Genevan Jean De Sellon for whom the painter made more than one paintings and who hosted him for more than one year in his villa at the Mattonaia.[5]

None of them, however, requested from the artist a subject as peculiar and indicative of a specific cultural and ethical interest based on a clear work of the Age of Enlightenment as *Les Ruines*, open to an innovative concept of social progress based on reason and on the natural order that in a religious field would have brought the acceptance of the common origin of different religions and so the elimination of takeovers and violence.

So we might wonder if Gagneraux did not paint for himself this subject that during the years of the Revolution proposed a model of society where, thanks to the superiority of natural laws, peace and justice would have triumphed.[6] A hope to contrast the scepticism of human kind which had long anguished the artist, raising anxiety and uncertainty about his own future.

The state of suffering of spirit where the artist found himself, that madness recalled by Cacault, was provoked by disorientation in the face of the homicidal take-over of the anti-French *populace*, but what deeply tormented Gagneraux's soul was the behaviour of certain people who were friendly during his Roman times, Jean-Baptiste Wicar among them, who, after moving back to Paris in 1793 to support the Revolution, led denouncements and petitions against the artist who was considered an anti-patriot, more caused by his personal anger than the desire to avoid harm.[7] "I've recognised, but too late, some monsters who gave me the title of friend", bitterly revealed Gagneraux.[8] A betrayal that undermined his tranquillity and which would have brought him to end his life throwing himself from a window on August 18th 1795.

SI.BI.

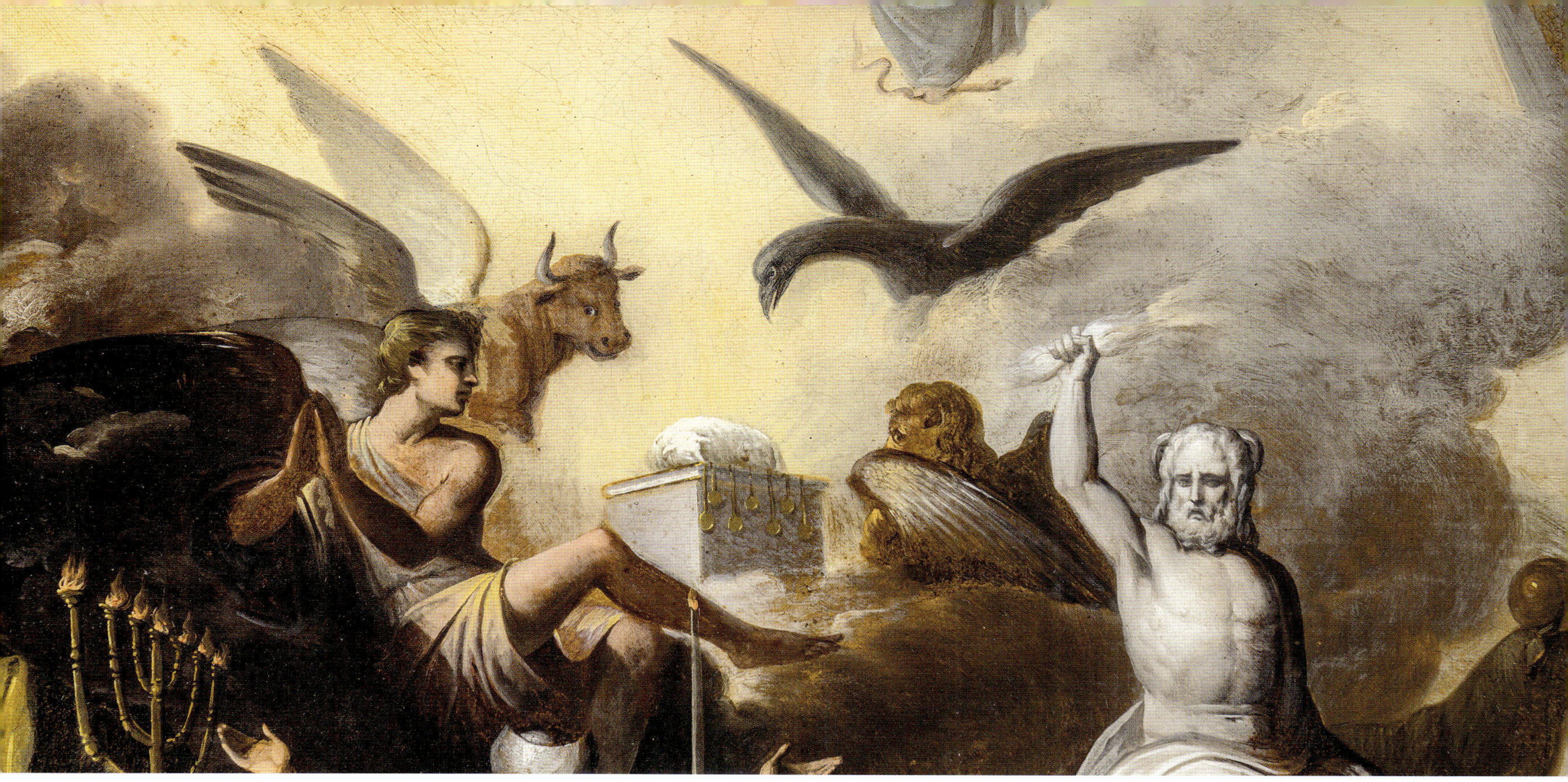

Note

1 Cfr. C. F. Volney, *Les Ruines, ou méditation sur les révolutions des empires*, 1791; ed. cons., Milano-Udine 2016, p. 207.

2 Cfr. S. Laveissière, in *Bénigne Gagneraux (1756-1795): un peintre bourguignon dans la Rome néoclassique*, catalogo della mostra (Roma, Accademia di Francia - Dijon, Musée des Beaux Arts), Roma 1983, p. 120.

3 Cfr. Lettera di François Cacault, Firenze 3 febbraio 1795, in *Correspondance des Directeurs de l'Académie de France à Rome avec les Surintendants des Bâtiments publiée d'après les manuscrits des Archives nationales par MM. Anatole de Montaiglon et Jules Guifrey*, Paris 1906, vol. XVI (1791-1797), n. 9526, pp. 391-397.

4 Cfr. B. Sandström, *Bénigne Gagneraux à Florence*, in *Actes du colloque Florence et la France*, Firenze 2,3,4 giugno 1977, Firenze 1979, pp. 151-128.

5 Cfr. M. Natale, *Les gouts et les collections d'art italien à Genève du XVIII e au XXme siècle*, Genève 1980, pp. 66-73.

6 Cfr. Volney, *op. cit.*, p. 157.

7 Cfr. M.T. Caracciolo, *Ritratti fra amici. François-Xavier Fabre e Barthélémy Corneille tra Roma e Firenze*, Trento 2017, pp. 31-32.

8 Cfr. Sandström, *op. cit.*, p. 117.

Notes

1 Cf. C. F. Volney, *Les Ruines, ou méditation sur les révolutions des empires*, 1791; ed. cons., Milan-Udine 2016, p. 207.

2 Cf. S. Laveissière, in *Bénigne Gagneraux (1756-1795): un peintre bourguignon dans la Rome néoclassique*, catalogue of the exhibition (Rome, France Academy - Dijon, Musée des Beaux Arts), Rome 1983, p. 120.

3 Cf. Letter from François Cacault, Florence 3 February 1795, in *Correspondance des Directeurs de l'Académie de France à Rome avec les Surintendants des Bâtiments publiée d'après les manuscrits des Archives nationales par MM. Anatole de Montaiglon et Jules Guifrey*, Paris 1906, vol. XVI (1791-1797), n. 9526, pp. 391-397.

4 Cf. B. Sandström, *Bénigne Gagneraux à Florence*, in *Actes du colloque Florence et la France*, Florence 2,3,4 June 1977, Florence 1979, pp. 151-128.

5 Cf. M. Natale, *Les gouts et les collections d'art italien à Genève du XVIII e au XXme siècle*, Genève 1980, pp. 66-73.

6 Cf. Volney, *op. cit.*, p. 157.

7 Cf. M.T. Caracciolo, *Ritratti fra amici. François-Xavier Fabre e Barthélémy Corneille tra Roma e Firenze*, Trento 2017, pp. 31-32.

8 Cf. Sandström, *op. cit.*, p. 117.

Francesco Nenci

(Anghiari 1782 – Siena 1850)

Venere consegna a Enea le armi forgiate da Vulcano / *Venus presenting Aeneas weapons forged by Vulcan*

1827

Olio su tela, 80 × 105,5 cm / Oil on canvas, 31.5 × 41.5 in

con cornice, 123,5 × 148,5 cm / with frame, 48.6 × 58.5 in

Firmato e datato "F. Nenci 1827" in basso, lungo la fodera della spada

Signed and dated "F. Nenci 1827" at the bottom, on the sword sheath

Il dipinto, firmato in basso e datato 1827, è un'opera molto importante di Francesco Nenci, proveniente da una celebre e storica collezione fiorentina. Il suo ritrovamento segna un'acquisizione conoscitiva fondamentale nell'ambito della corretta catalogazione dell'operato del Nenci, personalità piuttosto significativa, non a caso molto apprezzata dai suoi contemporanei, oltre che oggetto di studi anche recenti. Del quadro, che raffigura un celebre episodio del Primo Libro dell'*Aeneid*, esiste anche un disegno preparatorio (collezione privata) *(a)*, recentemente apparso nel mercato antiquario. La corretta datazione della tela permette di collocare l'opera in un momento particolare della carriera del Nenci. Si tratta di uno dei suoi periodi più fortunati, quale appunto è stato quello compreso tra il 1820 e il 1827, anno della sua nomina a Direttore dell'Accademia di Belle Arti di Siena e quindi del suo trasferimento da Firenze. Tra il 1820 e il 1824, a seguito del successo ottenuto, Nenci fu tra gli artisti scelti da Camillo Borghese, cognato di Napoleone, per la decorazione del palazzo, già Salviati, che il patrizio romano acquistò come sua dimora fiorentina in concorrenza al granduca lorenese.

Sebbene l'anghiarese non abbia accettato tale incarico, forse per paura di fare torto al granduca, è bene ricordare che il successo di Nenci, divenuto nel giro di poco tempo uno degli artisti più apprezzati nell'ambito del clima culturale della Restaurazione, era dovuto alla sua partecipazione alla decorazione del palazzo che sempre in via Ghibellina il ricco banchiere Michele Giuntini acquistò dalla famiglia Gaburri, oltre che alla partecipazione all'impresa della cappella di Poggio Imperiale. Sono questi gli anni in cui su richiesta di Carlo Del Chiaro, suo intermediario con il Giuntini, Nenci ebbe l'incarico di fare un quadro con *Venere che appare ad Enea*, non solo menzionato anche nel ricco carteggio oggi conservato presso l'Accademia Petrarca di Arezzo, ma identificabile con il quadro in esame. Nenci ne fece due versioni: una fu destinata al conte russo Guriew, l'altra per casa Nerli, sicuramente riferibile al nostro esempio, sebbene poi passata ad un'altra famiglia sempre fiorentina. Rispetto al disegno preparatorio pochissime sono le variazioni apportate nella stesura pittorica finale. Le figure dei due protagonisti trovano corrispon-

The painting, signed at the bottom and dated 1827, is a very important work of Francesco Nenci, coming from a famous Florentine historical collection. Its recovery marks a fundamental knowledge acquisition in the field of correct cataloguing of the works of Nenci, a rather significant figure, not by chance much appreciated by his contemporaries, as well as subject of even recent studies. Of the painting, displaying the famous episode of the First Book of the *Aeneid*, exists also a preparatory drawing (private collection) *(a)*, which recently appeared on the antiques market. The correct dating of the canvas allows placement of the work in a particular moment of Nenci's career. This was one of his most successful periods, which fell between 1820 and 1827, year of his nomination as Director of the Fine Art Academy in Siena and, thus, his move from Florence. Between 1820 and 1824, following the success he obtained, Nenci was among the artists chosen by Camillo Borghese, Napoleon's brother-in law, for the decoration of the Palace, formerly belonging to the Salviati family, that the Roman aristocrat bought as his Florentine house, in competition with the House of Lorraine Grand Duke. Even if the artist from Anghiari did not accept the work, perhaps out of fear of wronging the Grand Duke, it is important to remember that the success of Nenci, who in a short period became one of the most appreciated artists in the environment of the cultural milieu of the House of Lorraine Restoration, was due to his participation in the decoration of the Palace, again in Via Ghibellina, that the banker Michele Giuntini acquired from the Gaburri family, as well as his involvement in work on the Poggio Imperiale's chapel. These are the years when, on request of Carlo Del Chiaro, his mediator with Giuntini, Nenci received the assignment to make a painting with *Venus appearing to Aeneas*, not just mentioned in the copious correspondence now held in the Petrarch Academy in Arezzo, but identifiable with the painting here examined. Nenci made two versions: one destined for the Russian Count Guriew, the other for the Nerli house, surely referable to our example, even if later on passed to another Florentine family. In comparison with the preparatory drawing, very few variations were made in the final painted version. The figures of the two protagonists find correspondence with many

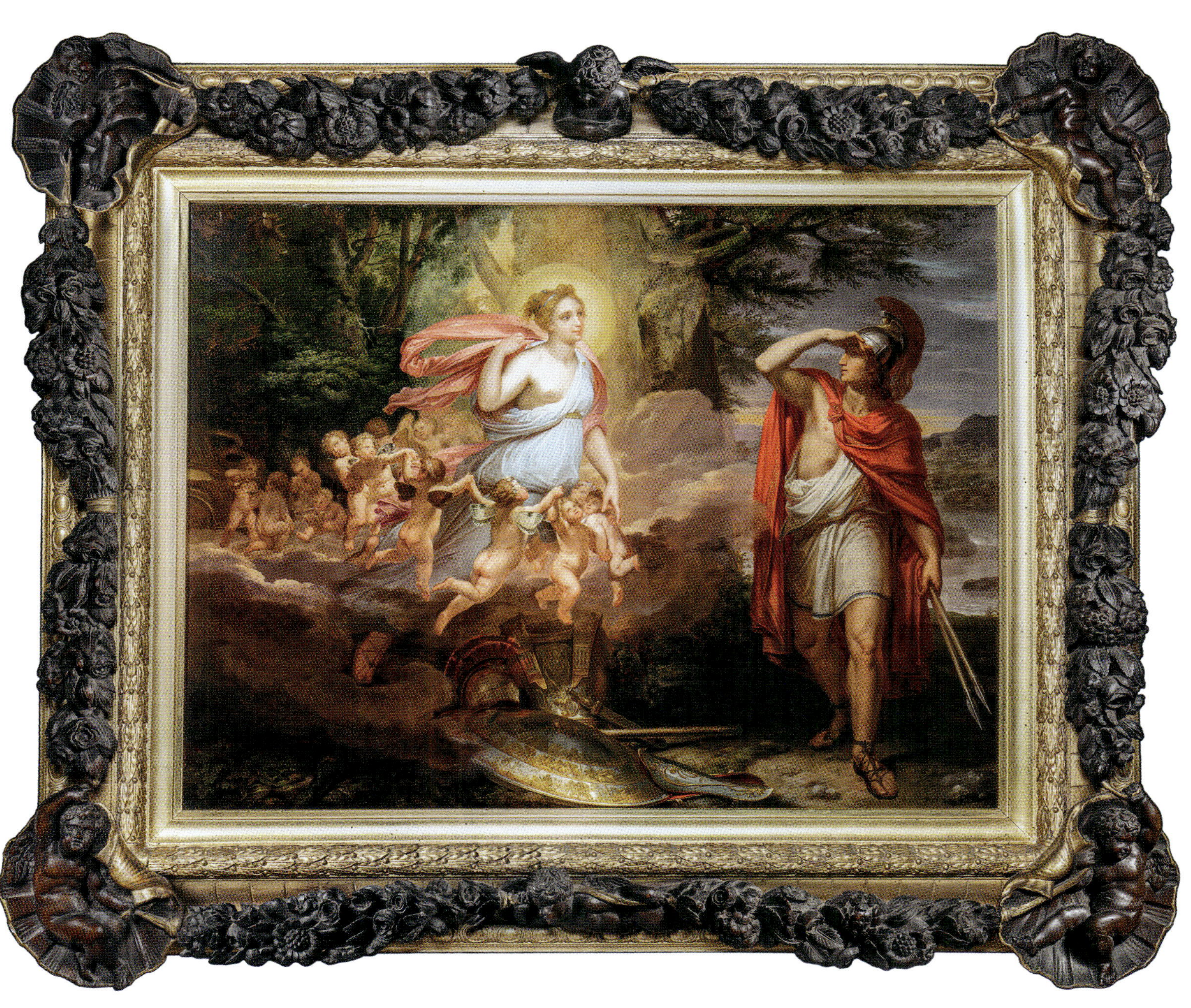

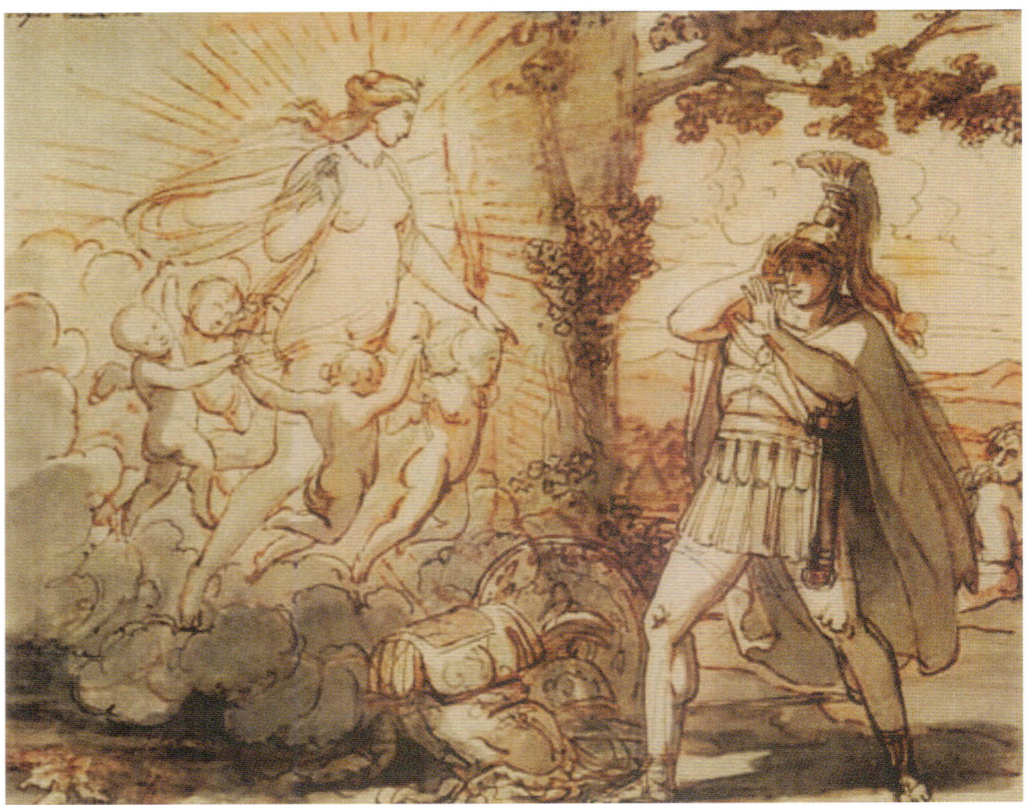

(a) Francesco Nenci, *Studio per Venere che consegna ad Enea le armi forgiate da Vulcano* / *Study for Venus presenting Aeneas weapons forged by Vulcan*, collezione privata / private collection.

denze con molti fogli certi dell'artista, oltre che con le opere sopra indicate[1].

Di grande pregio è anche la cornice, attribuibile al celebre intagliatore Angiolo Barbetti, protagonista di una vera e propria restaurazione della tecnica dell'intaglio, sia a Siena, sua città natale, che a Firenze, dove si trasferì nel 1841. Considerando che il dipinto viene da una collezione fiorentina e che fu esposto alla Prima Mostra dell'Unità d'Italia tenuta a Firenze nel 1861, viene da supporre che intorno agli stessi anni deve essere passato da una collezione all'altra e che la cornice possa essere stata fatta in occasione dell'esposizione, tanto più che Barbetti nel 1861 lavorava per il Principe Demidoff, personalità di spicco e in stretti rapporti con la famiglia proprietaria del quadro.

L.F.

certain particular drawings of the artist, as well as with the aforementioned works.[1]

The frame is of great quality as well, attributable to the famous carver Angiolo Barbetti, protagonist of a real restoration of the carving technique, both in Siena, his home town, and in Florence, where he moved in 1841. Considering that the painting comes from a Florentine collection and was exhibited in the First Exhibition of the United Italy held in Florence in 1861, it is plausible to suppose that around the same years it moved from one collection to another and that the frame may have been made for the exhibition, as Barbetti in 1861 worked for Prince Demidoff, relevant character in a deep relation with the family who owned the painting.

L.F.

Note

[1] Cfr. L. Fornasari, *Ancora intorno a Francesco Nenci tra mercato e abitazione privata degli eredi: breve postilla con acquisizioni inedite al catalogo dei dipinti e dei disegni*, in "Annali Aretini", XXII, 2014, p. 189, fig. 7; L. Fornasari, F*rancesco Nenci*, Accademia di Belle Arti, Firenze 2022, scheda n. 9, pp. 89-91.

Notes

[1] Cf. L. Fornasari, *Ancora intorno a Francesco Nenci tra mercato e abitazione privata degli eredi: breve postilla con acquisizioni inedite al catalogo dei dipinti e dei disegni*, in "Annali Aretini", XXII, 2014, p. 189, fig. 7; L. Fornasari, F*rancesco Nenci*, Fine Arts Academy, Florence 2022, essay 9, pp. 89-91.

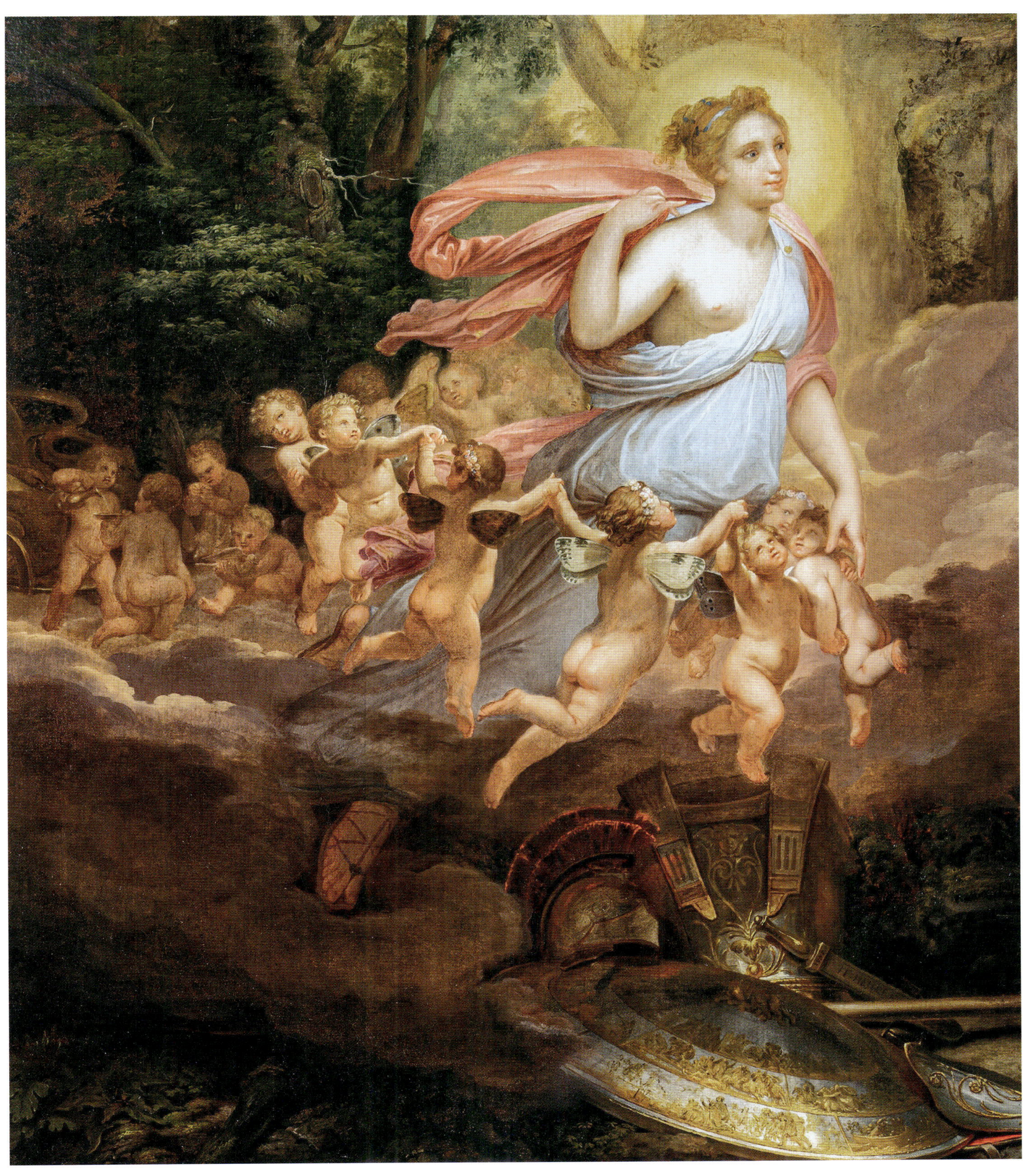

Giuseppe Bezzuoli (attribuito / attributed to)

(Firenze 1784-1855)

Ritratto di Francesco Pozzi / *Portrait of Francesco Pozzi*

circa / around 1818

Olio su tela, 73 × 58,3 cm / Oil on canvas, 28.7 × 22.8 in

Elegantissimo, nella sua tenuta informale, un giovane uomo si offre con serena compostezza allo sguardo affettuosamente osservatore dell'artista. Raffigurato di profilo come in un cammeo antico, di cui il dipinto sembra riproporre la squisitezza del modellato e le delicate *nuances* cromatiche, l'uomo ha l'espressione, intensa e distaccata ad un tempo, di chi è compreso in pensieri malinconici. Il suo volto serio è offerto alla luce che con delicatezza ne costruisce l'ossatura colorandone l'incarnato, ne suggerisce la lieve peluria sul labbro, dà consistenza alla morbidezza lanuginosa delle basette, alla fluenza della chioma ondulata; una luminosità accentuata dall'ampio colletto bianco ripiegato con disinvoltura sul foulard di seta fantasia in una miriade di colori, cui fa da controcanto il corposo velluto violaceo che fodera il mantello gettato con *nonchalance* attorno alle spalle in una moderna, colta rivisitazione di un ritratto all'eroica.

La sapiente costruzione dei volumi, la finezza del disegno e il colorito ricco e vago, uniti alla qualità della stesura pittorica che accosta a una condotta tenerissima la sprezzatura di pennellate vibranti di luce, lasciano intendere come il ritratto sia opera di un artista capace, orientativamente databile al secondo decennio dell'Ottocento, epoca per altro consona all'abbigliamento e all'acconciatura alla «Titus» dell'effigiato.

La fisionomia pervasa di vaga mestizia del giovane presenta intrinseche consonanze con il busto, probabilmente un *Autoritratto*, collocato sulla tomba di Francesco Pozzi nel sepolcreto di Santa Croce, a Firenze[1], motivo che induce a identificare nel personaggio raffigurato nel dipinto lo scultore nativo dell'isola d'Elba e allievo di Francesco Carradori all'Accademia fiorentina di Belle Arti, dove nel 1812 vinse il concorso triennale con una statua di *Dante*, e nel 1816 si aggiudicò l'ambíto posto di studio a Roma, durante il quale stabilì fruttuosi contatti con Antonio Canova e con Bertel Thorvaldsen, agevolati dall'intercessione di Pietro Benvenuti suo maestro di pittura all'Accademia e suo premuroso consigliere negli anni del pensionato romano quando lo introdusse nella famiglia della propria moglie perché gli fosse d'aiuto[2]. Fu a Benvenuti, che, in nome dell'amicizia sempre dimostratagli dal maestro, nel giugno 1818 Pozzi si raccomandò affinché la statua del *Ciparisso*,

Very elegant, in his informal attire, a young man offers himself with a calm composure to the artist's affectionately observant gaze. Portrayed in profile as in an antique cameo, the modelled exquisiteness and the delicate chromatic nuances of which the painting seems to reproduce, the man has the expression, intense and detached at the same time, of one absorbed in melancholy thoughts. His serious face is offered to the light which constructs with delicacy the bone structure by colouring the skin, and suggests the light down on the lip, giving consistency to the fluffy softness of sideburns and to the wavy head of hair. So much luminosity is exalted by the ample white collar effortlessly folded on a silk foulard with a design in a multitude of colours, which contrasts with the rich violet velvet lining of the cloak thrown *nonchalantly* around the shoulder in a modern version (cultured remake) of a portrait *all'eroica*.

The wise construction of the volumes, the accuracy of the drawing and the rich and refined skin tone, together with the quality of the painting draft matching a very exquisite technique with light vibrant brush strokes, let us clearly understand that the portrait is accomplished by a capable artist, made around the second decade of the 19th century, a period also corresponding with the garments and the *Titus* hairstyle of the portrayed figure.

The physiognomy of the young man permeated with vague sadness presents intrinsic similarities with the bust, probably a *Self-Portrait*, positioned on the tomb of Francesco Pozzi in the sepulchre in Santa Croce (Florence)[1], reason leading us to identify the character portrayed in the painting as the sculptor from Elba, pupil of Francesco Carradori at the Florentine Academy of Fine Arts, where in 1812 he won the triennial challenge with a *Dante* sculpture and in 1816 gained a coveted place for studying in Rome, during which he had the opportunity to establish profitable contacts with Bertel Thorvaldsen, facilitated by the intercession of Pietro Benvenuti who was his painting teacher at the Academy and his thoughtful adviser during the years of the Roman scholarship when he introduced him to his wife's family so they could support him.[2] It was to Benvenuti that, in the name of the friendship always shown by his master, in June 1818 Pozzi recommended that the plaster statue of the *Ciparisso*, his penultimate scholarship

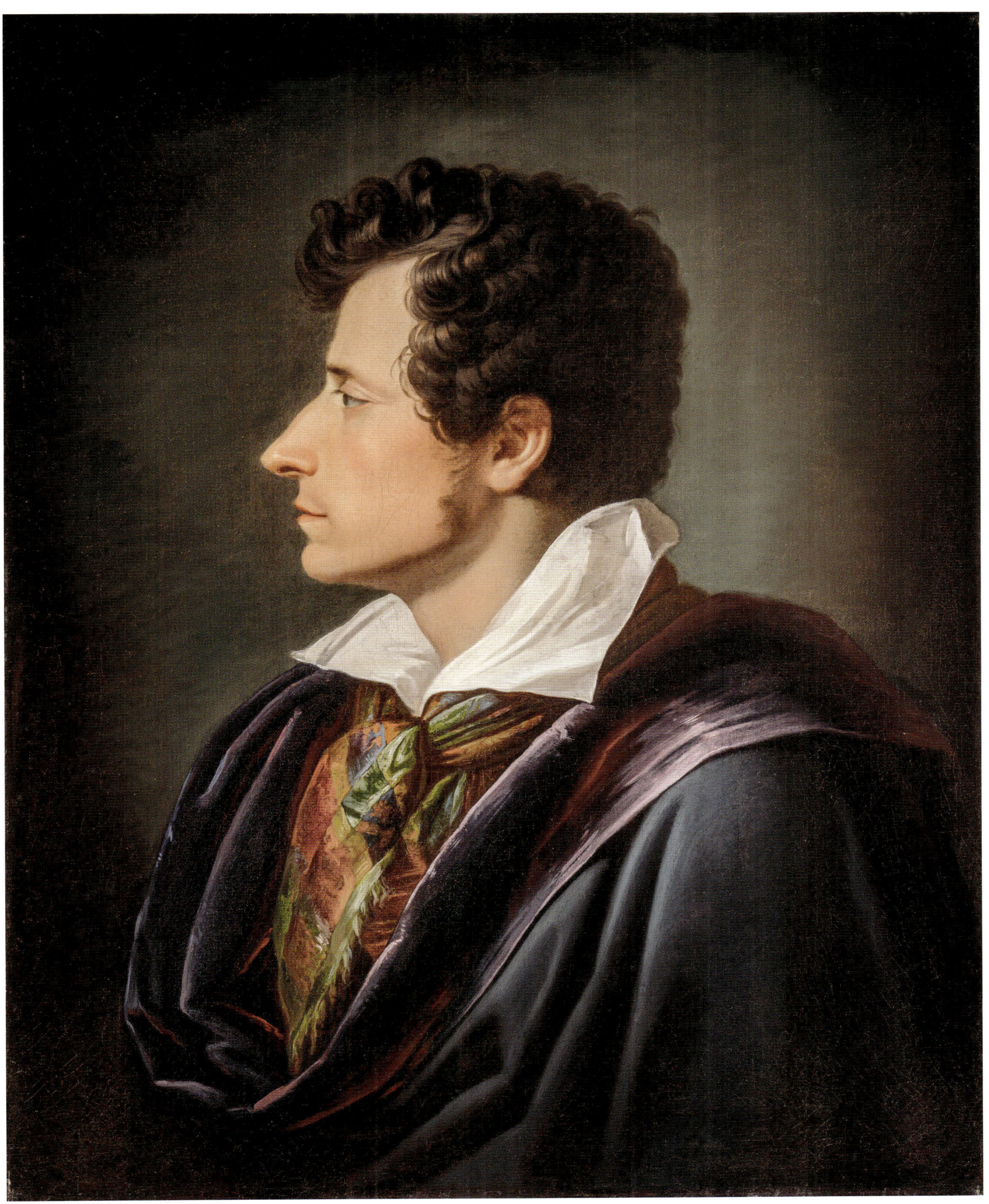

suo penultimo saggio di pensionato allora inviato a Firenze per essere esposto all'Accademia, fosse collocata «isolata» o in modo da potervi girare attorno, essendo stata concepita per essere vista «da tutti i punti»[3]. Eseguito «secondo l'approvazione di Thorvaldsen», e ammirato da Canova, il *Ciparisso* venne accolto con ammirazione anche nell'ambito fiorentino, tanto da render certo l'artista della sua esecuzione in marmo[4].

Il generale apprezzamento ottenuto dalla statua dovette accrescere la fiducia del giovane scultore nelle proprie doti – presunzione rimproveratagli più volte dal presidente dell'Accademia, Giovanni degli Alessandri – e lusingarne l'amor proprio fino a indurlo a farsi eseguire un ritratto, forse sollecitato dalla presenza a Roma di Giuseppe Bezzuoli, suo amico d'antica data.

Giunto nella capitale pontificia nell'ottobre del 1818 Bezzuoli vi trascorse parte dell'inverno seguente, impegnato nella copia della *Scuola d'Atene* per conto del conte Tosio di Brescia; niente di più probabile che al suo arrivo siano stati gli amici 'fiorentini' a introdurlo nell'ambiente artistico della città, prima di tutti Francesco Pozzi cui lo legava una familiarità nata nelle aule dell'Accademia di Belle Arti e che si sarebbe consolidata col passare degli anni, come prova, fra le altre cose, il foglio "XVII" di un album intestato "Libro di me Giuseppe Bezzuoli"[5]: un ritratto a matita dello scultore, risolto con lo stile effusivo, "formalmente basato su linee flesse e superfici tenere luminose"[6], proprio del pittore dagli anni Venti. In quel disegno, Pozzi possiede la medesima espressione d'indefinita malinconia che trapela sia dal busto marmoreo che ne adorna il sepolcro, sia dal nostro ritratto in pittura. Doveva trattarsi di un carattere peculiare dell'indole di Francesco Pozzi, còlto con sensibilità dall'autore del quadro, fino a renderlo elemento distintivo della fisionomia dello scultore.

Una simile intelligenza nel restituire il temperamento dell'effigiato induce a considerare Giuseppe Bezzuoli come possibile artefice di questo ritratto; un'ipotesi confortata dall'eletta qualità della pittura ove la tenerezza del disegno si sposa a un uso patetico del colore che ora indugia sui particolari creando sfumature delicate e trapassi d'ombre leggere, e ora lievita, affidato a una «tavolozza ricca e dissonante»[7]. Una maniera rivelatrice delle riflessioni dell'artista sull'opera di Guido e dei Carracci, studiata con ammirazione a Bologna durante le frequenti gite nella città[8], la più recente compiuta nel novembre 1817, e dell'interesse per i maestri veneti del Cinquecento, ricordati dalle fonti[9].

La lieve vena di malinconia che incrina il tenore neoclassico del ritratto affiora anche nell'*Autoritratto* eseguito da Bezzuoli al tempo di quella stagione romana (Firenze, Gallerie degli Uffizi, Galleria d'arte moderna di Palazzo Pitti), nel quale egli si raffigura con una capigliatura e con al collo un fazzoletto colorato, in tutto simili a quelli sfoggiati da Pozzi. E se in quel dipinto la matrice neoclassica si

proof sent to Florence to be exhibited in the Academy, should be positioned in an "isolated" way, allowing one to move around it, as it was conceived to be seen from all sides.[3] Done "with Thorvaldsen's approval" and admired by Canova, the *Ciparisso* was unanimously admired also in the Florentine environment, so to make sure that the artist could create a marble version of it. [4]

The general appreciation obtained by the statue would have increased the trust of the young sculptor in his talent – presumption for which he was reprimanded several times by the president of the Academy, Giovanni Alessandri, too – flattering his self-esteem so much as to persuade him to produce a portrait, maybe stimulated by the presence in Rome of Giuseppe Bezzuoli, of his friend from long ago.

Arriving in the capital of the Papal State in the month of October 1818, Bezzuoli spent part of the followed winter engaged in copying the School of Athens as per request of the count Tosio from Brescia; nothing seems more likely than that after his arrival his "Florentine" friends introduced him to the artistic environment of the town, among them Francesco Pozzi to whom he was bound by a familiarity born in the Fine Art Academy classes that was consolidated with the passing of the years, as testified, among other things, by the drawing "XVII" of that sketchbook titled "My book Giuseppe Bezzuoli"[5] resolved with the effusive style, "based formally on bent lines and tender, luminous surfaces"[6], typical of the works of the painter of the 1820s. In the drawing, Francesco Pozzi owns the same expression of indefinite melancholy which seeps from both the marble bust adorning the sepulchre, and from this painted portrait. It must have been a peculiarity of the temperament of Pozzi, received by Bezzuoli with sensibility to the point of making it the distinctive element of the physiognomy of his friend.

And it is a similar intelligence in restoring the personality of Pozzi that leads us to consider Giuseppe Bezzuoli as a plausible author of this portrait; an hypothesis supported by the quality of the painting where the tenderness of the drawing is married with a poignant use of colour which now lingers on details creating delicate shades and passages of light shadows, now rising, entrusted to a "rich and dissonant palette".[7] A manner revealing of the reflections of the artist on the style of Guido Reni and of Carracci, studied with admiration in Bologna during his frequent visits to the city[8], like the one in December 1815, and his interest for the Veneto masters of the sixteenth century, remembered by the sources.[9]

The same slight melancholic sentiment breaking the neoclassical tone of the portrait arises also in the *Self-Portrait* made by Bezzuoli during the afore-mentioned Roman season (Florence, Uffizi Galleries, Pitti Palace Gallery of Modern Art), where he portrays himself with a hairstyle and a colourful handkerchief impressively similar to Pozzi's. And

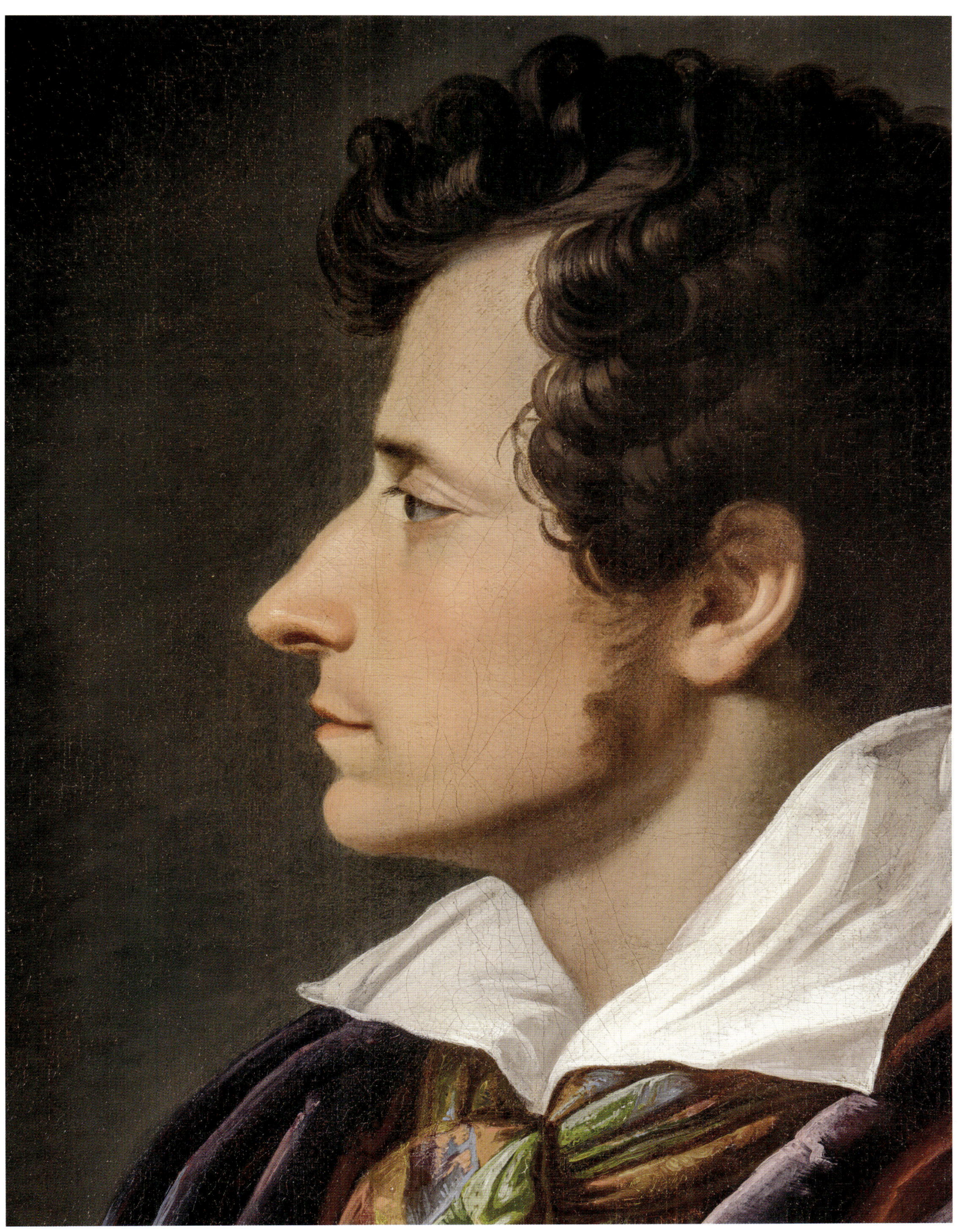

fa evidente nel disegno della «solida testa, quasi all'antica»[10], nel ritratto di Pozzi è, invece, il nitore da medaglia del profilo che si delinea con delicatezza sul fondo monocromo della tela dando vita a un'opera di eletta semplicità tale da suggerire un confronto – per la purezza del segno, per la squisita armonia della gamma cromatica, per la volontà di non distrarre l'attenzione dalla fisionomia dell'effigiato – con uno dei più bei ritratti della maturità di Bezzuoli, quello di Elisabetta Ricasoli (Collezione famiglia Ricasoli), tenuto conto della maggior sicurezza di mestiere acquisita dal pittore nel tempo.

La scelta di ritrarre l'amico di profilo con la solennità consona ai canoni figurativi della medaglistica, o piuttosto della ceroplastica, va interpretata come un'ulteriore espressione d'intesa fra i due artisti: una sorta di omaggio del pittore verso Francesco Pozzi «abilissimo nell'effigiare in cera» grazie agli insegnamenti di Giovanni Antonio Santarelli[11], e autore di raffinati e meticolosi 'ritrattini' di autorevoli personaggi quali Giuseppe Stiozzi Ridolfi[12] premuroso committente del giovane scultore, ma anche di modeste fanciulle fiorentine come nel caso di una certa *Rosina* di cui s'era tanto invaghito Niccola Monti da chiederne il ritratto a due compagni d'Accademia, e Bezzuoli e Pozzi si cimentarono, non senza goliardica giocosità, a raffigurare la ragazza, l'uno in disegno, l'altro in una cera "benissimo modellata"[13].

SI.BI.

if in that painting the neoclassical matrix is evident in the drawing of the "solid, almost antique head"[10], in the portrait of Pozzi, instead, the clean medallion style of the profile outlined with delicacy on the monochrome background of the canvas gives life to a work of elected simplicity so to suggest a comparison – for the purity of the design, the exquisite harmony of the colours, for the desire to not distract the attention from the physiognomy of the portrayed – with one of the better portraits of Bezzuoli's maturity, the one of Elisabetta Ricasoli (Ricasoli family collection), keeping in mind the greater sureness of the manner acquired by the painter with the passing of time.

The decision to portray his friend in profile with the typical solemnity of the figurative canons of medallions or, even more, of wax sculpting, should be interpreted as a further expression of understanding between the two artists: kind of a tribute by the painter to Francesco Pozzi "extremely capable in wax-portraits" thanks to the lessons of Giovanni Antonio Santarelli[11], and author of refined and meticulous "small portraits" of important characters as the marquis Giuseppe Stiozzi Ridolfi[12], faithful customer of the young sculptor, but also of modest Florentine ladies, as Requested by Monti, in love with a pretty Rosina, who asked the two academy fellows to portray her, and Bezzuoli and Pozzi accepted it, not without scholarly jollity, one in a drawing, the other in a "beautifully modelled" wax.[13]

SI.BI.

Note

1 Cfr. C. Sisi, *Il cimitero romantico di Santa Croce*, in *Santa Croce nell'800*, catalogo della mostra, Firenze 1986, pp. 127-174, p. 164.

2 AABAFi, filza 6 (1817), aff. 29; filza 7 (1818), aff. 37; Carteggi dei pensionati.

3 AABAFi, Filza 7 (1818), aff. 37; Lettera di Francesco Pozzi a Pietro Benvenuti, Roma 13 giugno 1818.

4 AABAFi, Filza 7 (1818), aff. 37; lettera di Francesco Pozzi a Cosimo Berti, Roma 16 giugno 1818.

5 Cfr. L'album, annotato e accresciuto di carte quasi certamente da Demostene Macciò, il pittore marito della nipote di Bezzuoli e sua erede, è oggi conservato al Gabinetto dei Disegni e delle Stampe degli Uffizi; il disegno porta il numero 115342.

6 Cfr. C. Del Bravo, in *Disegni italiani del XIX secolo*, catalogo della mostra (Firenze, Gabinetto dei Disegni e delle Stampe degli Uffizi), a cura di C. Del Bravo, Firenze 1971, p. 53.

7 Cfr. G.L. Mellini, *Bezzuoli pittore emblematico*, «Labyrinthos», 3-4, 1983, pp. 56-69, p. 57.

8 Cfr. *Della vita e delle opere del Professore Cav. Giuseppe Bezzuoli. Memorie raccolte da alcuni scolari ed amici*, Firenze 1855, p. 15.

9 Cfr. *Ivi*, pp. 20-21; D. Macciò, Giuseppe Bezzuoli pittore fiorentino, Firenze 1912, p. 11.

10 Cfr. G. Coco, in *Giuseppe Bezzuoli. Un grande protagonista della pittura romantica*, catalogo della mostra (Firenze, Palazzo Pitti), a cura di E. Spalletti, E. Marconi, V. Gavioli, Firenze 2022, p. 26, n. I.12.

11 Cfr. F. M., *Necrologia. Francesco Pozzi*, «Giornale del Commercio», n. 17, 24 aprile 1844. Per l'attività di ceroplasta di Pozzi, vedi G. Tassinari, *Un ignoto incisore di gemme: lo scultore e ceroplasta Francesco Pozzi*, «MDCCC 1800», 9, 2020, pp. 5-46.

12 Cfr. M. Casarosa Guadagni, in *Ritrattini in cera d'epoca neoclassica*, catalogo della mostra (Firenze, Galleria d'arte moderna di Palazzo Pitti), a cura di M. Casarosa Guadagni, Firenze 1981, p. 77, n. 74b. Il ritratto è conservato al Museo Nazionale del Bargello.

13 Cfr. N. Monti, *Memorie di un convalescente pittore di provincia*, a cura di R. Giovannelli, Firenze 2016, p. 112.

Notes

1 Cf. C. Sisi, *Il cimitero romantico di Santa Croce*, in *Santa Croce nell'800*, catalogue of the exhibition, Florence 1986, pp. 127-174, p. 164.

2 AABAFi, filza 6 (1817), aff. 29; filza 7 (1818), aff. 37; Carteggi dei pensionati.

3 AABAFi, Filza 7 (1818), aff. 37; Letter from Francesco Pozzi to Pietro Benvenuti, Rome 13 June 1818.

4 AABAFi, Filza 7 (1818), aff. 37; Letter from Francesco Pozzi to Cosimo Berti, Rome 16 June 1818.

5 Cf. The album, with notes and supplements most likely done by Demostene Macciò, the painter who married Bezzuoli's nice and his heir, is today held at the Print and Drawing Department of the Uffizi; the drawing has the number 115342.

6 Cf. C. Del Bravo, in *Disegni italiani del XIX secolo*, catalogue of the exhibition (Florence, Uffizi Galleries, Print and Drawing Department), edited by C. Del Bravo, Florence 1971, p. 53.

7 Cf. G.L. Mellini, *Bezzuoli pittore emblematico*, «Labyrinthos», 3-4, 1983, pp. 56-69, p. 57.

8 Cf. *Della vita e delle opere del Professore Cav. Giuseppe Bezzuoli. Memorie raccolte da alcuni scolari ed amici*, Florence 1855, p. 15.

9 Cf. *Ivi*, pp. 20-21; D. Macciò, *Giuseppe Bezzuoli pittore fiorentino*, Florence 1912, p. 11.

10 Cf. G. Coco, in *Giuseppe Bezzuoli. Un grande protagonista della pittura romantica*, catalogue of the exhibition (Florence, Pitti Palace), edited by E. Spalletti, E. Marconi, V. Gavioli, Florence 2022, p. 26, n. I.12.

11 Cf. F. M., *Necrologia. Francesco Pozzi*, «Giornale del Commercio», n. 17, 24 April 1844. For the wax sculpting activity of Pozzi, see G. Tassinari, *Un ignoto incisore di gemme: lo scultore e ceroplasta Francesco Pozzi*, «MDCCC 1800», 9, 2020, pp. 5-46.

12 Cf. M. Casarosa Guadagni, in *Ritrattini in cera d'epoca neoclassica*, catalogue of the exhibition (Florence, Pitti Palace, Gallery of Modern Art), edited by M. Casarosa Guadagni, Florence 1981, p. 77, n. 74b. The portrait is held at the Bargello National Museum.

13 Cf. N. Monti, *Memorie di un convalescente pittore di provincia*, edited by R. Giovannelli, Florence 2016, p. 112.

Francesco Pozzi

(Portoferraio/Livorno 1790 – Firenze 1844)

Ritratto femminile / *Portrait of a woman*

Cera rosa su fondo in vetro blu, Ø 7,8 cm / Pink wax on blue glass, diameter 3.07 in

Ritratto di fanciullo / *Portrait of a boy*

Cera rosa su fondo in vetro blu, Ø 7,5 cm / Pink wax on blue glass, diameter 2.95 in

Senza tratteggiare la figura del Pozzi scultore[1], richiamiamo solo qualche dato essenziale. Allievo e in seguito (dal 1823) insegnante di scultura all'Accademia di Belle Arti di Firenze, premiato, a contatto con Canova e Thorvaldsen durante l'ambito soggiorno a Roma (dal 1816), questo artista, versatile e dotato, raggiunge un'alta posizione, ottenendo numerose e prestigiose commissioni. Nella sua intensa produzione di apprezzato scultore – statue, busti, gruppi, bassorilievi, monumenti funerari, copie di statue antiche – occupano un posto rilevante i ritratti in marmo, dal vero, un campo a lui congeniale, in cui riesce felicemente. Sfilano figure chiave della vita culturale, politica, economica toscana e internazionale, quali Paolina Borghese, Juliette Récamier, Ranieri Bartolini, il marchese Orazio Carlo Pucci, nonché un'ignota aristocratica.

Misconosciuta, poco indagata è invece la produzione di cere del Pozzi.

Il genere artistico della cera godeva di grande considerazione, anche grazie al realismo e alla tradizione del ritratto[2]. Inoltre un modello in cera serviva per la realizzazione di un intaglio / cammeo, moneta, medaglia, pur a distanza di tempo; non sempre è possibile stabilire per quale manufatto sia stato inizialmente pensato.

Non è eccezionale che alle gemme affianchino le cere incisori stimati e di spicco come, per menzionarne due contemporanei al Pozzi, Benedetto Pistrucci e Giuseppe Girometti, anche medaglisti e scultori, e il maestro del nostro, l'eccellente ceroplasta Giovanni Antonio Santarelli, protagonista della scena glittica fiorentina.

Pozzi firma le sue opere in cera di solito F. POZZI F., a volte aggiungendo la data; ma potrebbero essercene di non firmate[3]. È palesemente orientato verso i busti: tranne una cera con una divinità non identificata (1817; Pittsburgh, Museum of Art, Carnegie Institute of Art), le altre sono tutte ritratti. Analogamente cinque sue gemme su sei sono ritratti.

Sorge pertanto il problema dell'identificazione degli effigiati, scoglio che si riscontra anche nelle straordinarie collezioni di modelli in cera che attestano la produzione del Santarelli (Firenze, Museo Nazionale del Bargello)[4] e del Pistrucci (Roma, Museo della Zecca)[5]: i ritratti sono numerosissimi, ma per lo più di ignoti.

Without outlining the figure of Pozzi as a sculptor[1], we recall only some essential informations. Student and later (from 1823) teacher of Sculpting at the Fine Art Academy in Florence, awarded-winning, in contact with Canova and Thorvaldsen during a coveted sojourn in Rome (from 1816), this artist, versatile and gifted, reached a high position, obtaining numerous and prestigious commissions. In his intense production as a valued sculptor – statues, busts, groups, bass-reliefs, memorials, copies of antique statues – a relevant place is occupied by marble portraits, from live models, a suitable sector for him, in which he was happily successful. Key cultural, political, and economic figures from Tuscany and worldwide were paraded, including Pauline Bonaparte, Juliette Récamier, Ranieri Bartolini, the Marquis Orazio Carlo Pucci and an unknown aristocrat.

Unacknowledged, little investigated is, instead, Pozzi's wax production.

The artistic genre of the wax enjoyed high regard, thanks to realism and the tradition of portraiture[2]. Moreover, a wax model could have been used for the making of a carving, a cameo, a coin, or a medal, even after a long time; it is not always possible to establish for which work it was initially planned.

It is not an exception that waxes are placed side by side with gems by esteemed and relevant carvers like, to mention two contemporaries of Pozzi, Benedetto Pistrucci and Giuseppe Girometti, and by medallists and sculptors, and Pozzi's teacher, Giovanni Antonio Santarelli, protagonist of the Florentine glyptic scene.

Pozzi usually signed his wax work F. POZZI F., sometimes adding the date; but unsigned works could also exist.[3] His work is obviously oriented towards busts: except for a wax with an unidentified deity (1817; Pittsburgh, Museum of Art, Carnegie Institute of Art), all the others are portraits. Analogously, five out of six gems are portraits.

Therefore, the problem of identifying the people portrayed arises, an obstacle also faced by the extraordinary collections of wax models attesting to the work of Santarelli (Florence, Bargello National Museum)[4] and Pistrucci (Rome, Mint Museum)[5]: many numerous portraits exist but the majority of them are of unknown figures.

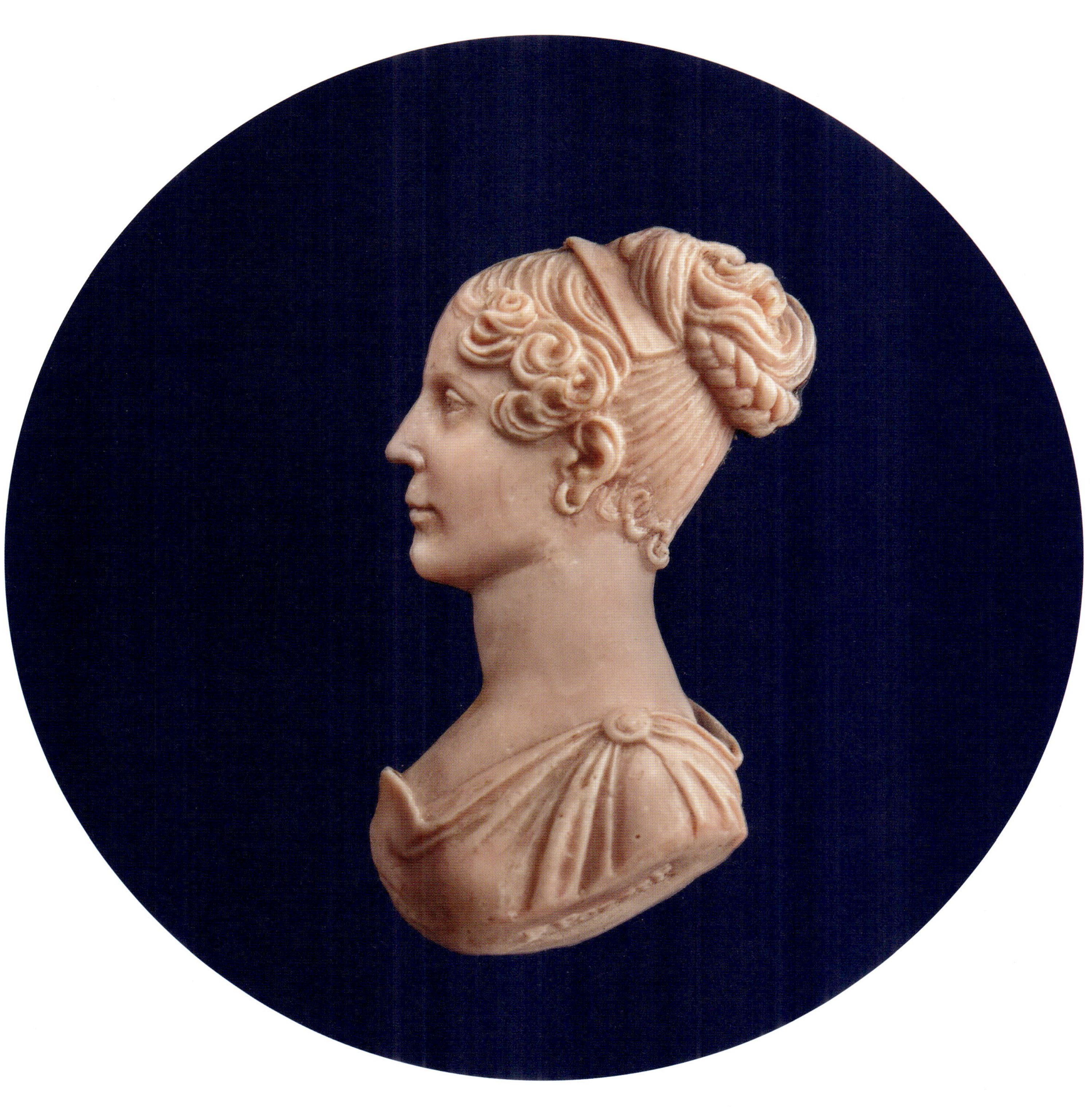

Dunque non sono identificati vari busti maschili, realizzati dal Pozzi, conservati a Firenze (Museo Stibbert (1812); Museo Nazionale del Bargello)[6]; a Mannheim (Städtisches Reiss-Museum (circa 1810))[7]; al Museo del Castello di Sanluri (Sud Sardegna)[8]; a Londra (collezione privata)[9]. Vengono inoltre menzionati numerosi ritrattini recanti la sua firma, di proprietà privata[10].

Va sottolineato che i personaggi effigiati dal Pozzi, dei quali si riesce a reperire notizie, o solo pervenuti come nomi, sono spesso famosi e/o prestigiosi e appartengono ai più diversi ambiti: essi efficacemente testimoniano il *milieu* nel quale e per il quale operava l'artista.

In primis il papa Pio VII: un medaglione ritratto molto bello, firmato, visto da un antiquario a Londra, ora disperso[11].

Un altro protagonista: Giuseppe Capecelatro (Napoli, 1744-1836), raffigurato in una cera del 1818, conservata nella collezione Villa Santa, nel Museo del Castello di Sanluri. Illuminato arcivescovo di Taranto, avvocato concistoriale, letterato, erudito, mecenate, collezionista, stimato da governanti, intellettuali, artisti, Capecelatro ricoprì le cariche di ministro dell'Interno nel Regno di Napoli e direttore del Museo Reale delle arti[12].

Ancora legata all'ambiente partenopeo la Principessa d'Ischitella (cera al Victoria and Albert Museum), probabilmente la nobildonna Teresa Serra dei Principi di Gerace, moglie del principe di Ischitella, Francesco Pinto y Mendoza (Napoli, 1788-1875), un personaggio che intraprese una brillante carriera militare e politica con i Bonaparte e i Borbone e che ricoprì una parte eminente[13].

Avido, spregiudicato, audace, Pierre-François-Charles Augereau (Parigi 1757 – La Houssaye-en-Brie 1816), uno dei principali generali di Bonaparte, ritratto in una cera custodita a Pittsburgh, Museum of Art (Carnegie Institute of Art)[14]; nominato maresciallo dell'Impero e duca di Castiglione per i suoi meriti, egli diede un notevole contributo nelle guerre napoleoniche, dove mostrò valore, risolutezza e lungimirante intuito tattico.

All'ambiente fiorentino riportano probabilmente il ritratto nella cera (Museo del Castello di Sanluri), indicato come il cavaliere Filippo Michelacci, professore di ostetricia, ma del quale non si rinviene alcuna notizia sicura[15], e sicuramente la cera (Firenze, Museo Nazionale del Bargello) con l'effigie del nobile Giuseppe Stiozzi Ridolfi (Montelupo 1776? – Firenze 1816)[16]. Prefetto del Dipartimento dell'Arno (1814), elogiato traduttore di William Shakespeare, proprietario degli Orti Oricellari, giardino storico ammirato dai forestieri e per il quale Pozzi eseguì statue di terracotta, Stiozzi Ridolfi ne preservò e valorizzò la raccolta.

I due rilievi in cera esposti in mostra, inediti, firmati entrambi F. POZZI F nel taglio del busto, provengono dal mercato antiquario; sono privi di referenze storiche e a precedenti proprietà.

So several male busts, made by Pozzi, held in Florence (Stibbert Museum (1812); Bargello National Museum)[6]; in Mannheim (Städtisches Reiss-Museum (around 1810))[7]; in the Sanluri Castle Museum (South of Sardinia)[8]; and in London (private collection)[9] are not identified. Many other small portraits with his signature are mentioned in private collections[10]

We highlight the fact that the figures portrayed by Pozzi, for whom information is available or at least thees, are often famous and/or prestigious and belong to the most varied environments: they effectively testify the *milieu* the artist used to work in and for.

First, Pope Pius VII: a very beautifully portrayed medallion, signed, seen in a London antique shop, now lost.[11]

Another protagonist: Giuseppe Capecelatro (Naples 1744-1836), portrayed in a wax from 1818, held in the Villa Santa collection, in the Sanluri Castel Museum. Enlightened archbishop from Taranto, consistory lawyer, literate, patron of arts, collector, esteemed by governors, intellectuals, artists, scholars, Capecelatro was the Minister of the Interior in the Kingdom of Naples, and Director of the Royal Arts Museum.[12]

Still bound to the Neapolitan environment, the Princess of Ischitella (wax at the Victoria and Albert Museum), who probably was the noble Teresa Serra of the Princes of Gerace, wife of the Prince of Ischitella, Francesco Pinto y Mendoza (Naples 1788-1875), a character who had a brilliant military and political career under the Bonaparte and Borbone regencies and held an eminent role.[13]

Greedy, unscrupulous, daring, Pierre-François-Charles Augereau (Paris 1757 – La Houssaye-en-Brie 1816), one of Bonaparte's principal generals, portrayed in a wax held at the Pittsburgh Museum of Art (Carnegie Institute of Art)[14]; nominated Marshall of the Emperor and Duke of Castiglione for his merits, he made a notable contribution in the Napoleonic wars, where he showed value, determination, and forward-looking tactical intuitions.

To the Florentine environment are probably related the wax portraits (Sanluri Castle Museum), indicated as the Knight Filippo Michelacci, professor of obstetrics, of whom no sure information can be recovered[15], and surely the wax (Florence, Bargello National Museum) with the portrait of the aristocrat Giuseppe Stiozzi Ridolfi (Montelupo 1776? – Florence 1816).[16] Prefect of the Arno Department (1814), praised William Shakespeare translator, owner of the Orti Oricellari, an historical garden admired by foreigners and for which Pozzi made terracotta statues, Stiozzi Ridolfi preserved and enhanced the collection.

The two wax reliefs were showed in the *Canova. Il Culto del Bello* exhibition, previously unpublished, both signed F. POZZI F in the cut of the bust, they come from the antique market; any historical references or those to previous owners are absent.

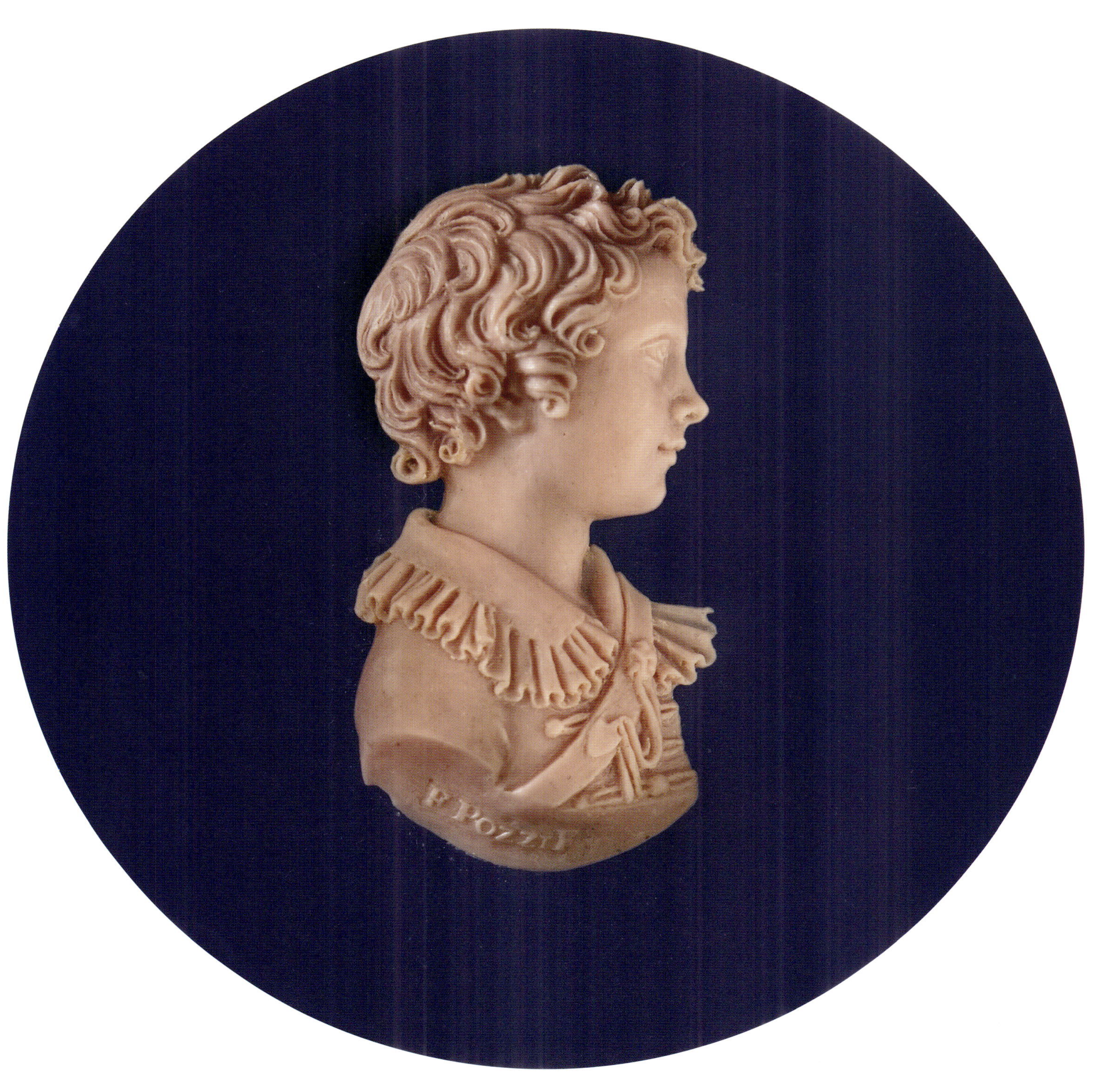
F. POZZI

Il primo raffigura un busto femminile di profilo a sinistra, panneggiato all'antica, dall'intonazione austera, il naso diritto, le labbra serrate, con l'ornamento di un orecchino; i lunghi capelli sono trattenuti da un diadema, in parte raccolti in una treccia che forma un complicato *chignon*, in parte scendono in riccioli sulla fronte e incorniciano il volto. Giusto rilievo merita questo lavoro, improntato dallo stile neoclassico, di alto livello e di grande perizia tecnica. Si noti solo l'attenzione posta nel modellare le fattezze, i dettagli anatomici, la pettinatura elaborata, il trapasso luministico dalla levigatezza della cera alle ciocche vibranti.

Assai felice anche l'esito della cera che ritrae il busto di un fanciullo volto verso destra. L'effigiato presenta naso sottile leggermente a punta, labbra piene, lunghe ciocche inanellate leggermente scomposte, un vestito con l'allacciatura ad alamari e che termina con un grande colletto arricciato. Pozzi, attento a restituire in modo mirabile l'incanto giovanile del personaggio, indugia sulle volute dei capelli "spumeggianti", sulle numerose pieghe del colletto, sui dettagli e le rifiniture dell'abito, con una grazia quasi civettuola. Ne risulta un'opera di elevata qualità e delicatissima, ulteriore conferma della maestria del Pozzi ceroplasta.

Comprendiamo meglio l'interesse e la valenza di questa cera tenendo presente la scarsità di ritratti di fanciulli. Si può citare un confronto: il medaglione in cera del fratello Angiolino, opera di Lorenzo Bartolini, eseguito dal vero a Firenze, *ante* 1799[17].

Purtroppo, nonostante assidue ricerche, la mancanza di date e di qualsiasi elemento impedisce di stabilire l'identità di entrambi gli effigiati: problema spinoso facilmente e ovviamente riscontrabile per personalità "ignote", non altrimenti documentate, che lasciano come traccia di sé il proprio ritratto in manufatti a destinazione privata. Per non dimenticare quel cosmopolitismo, socialmente variegato, della clientela del Pozzi, che sconsiglia facili conclusioni.

L'acconciatura della dama, particolarmente di moda nel periodo napoleonico, rende plausibile ascrivere la cera a quell'età; invece non vi è alcun preciso appiglio cronologico per la cera del fanciullo.

G.T.

The first depicts a female bust in left profile, draped as in antiquity, with an austere intonation, the straight nose, locked lips, with the ornamentation of an earring; the long hair are held by a tiara, partially gathered in a braid making a complicated chignon, partially falling in curls on the forehead and framing the face. This work, imprinted in the neoclassical style, deserves proper importance, of a high level and great technical expertise. Just to notice the attention given in modelling the features, the anatomical details, the elaborate hairstyle, the luminous passage from the smoothness of the wax to the vibrant locks.

The outcome of the waxwork depicting the bust of a boy facing the right is also pleasing. The effigy has a thin, slightly pointed nose, full lips, long, slightly disheveled ringed locks, and a garment laced with toggles and ending in a large, ruffled collar. Pozzi, careful to admirably restore the character's youthful enchantment, lingers on the spirals of the "frothy" hair, the many folds of the collar, and the details and trimmings of his dress, with an almost coquettish grace. The result is a work of high quality and delicacy, further confirmation of Pozzi's waxwork mastery.

We better understand the interest and value of this wax by keeping in mind the scarcity of portraits of children. A comparison can be cited: the wax medallion of his brother Angiolino, by Lorenzo Bartolini, executed from the live model in Florence, pre-1799.[17]

Unfortunately, despite assiduous research, the lack of dates and of any identifying elements prevents the identity of both effigies from being established: a thorny problem easily and obviously encountered by "unknown" personalities, not otherwise documented, who leave as a trace of themselves their portraits in artefacts for private use. Lest we forget that socially diverse cosmopolitanism of Pozzi's clientele, which counsels against easy conclusions.

The lady's hairstyle, particularly fashionable in the Napoleonic period, makes it plausible to ascribe the wax to that age; in contrast, there is no precise chronological foothold for the wax of the boy.

G.T.

Note

1. Da ultimo *Accademia* 2016, *ad indicem*; *Accademia* 2017, *ad indicem*; Mazzocca 2016-2017.
2. Bibliografia essenziale sull'argomento: Pyke 1973; Pyke 1981; *Ritrattini in cera* 1981. Per una storia del ritratto in cera, Schlosser 2011.
3. Così viene ipoteticamente attribuito al Pozzi un ritratto non firmato, di ignota (Firenze, Museo Nazionale del Bargello), posto in relazione con un altro ritratto del Pozzi, ritenuto molto simile: *Ritrattini in cera* 1981, p. 106, n. 197.
4. Cfr. *Ritrattini in cera* 1981.
5. Cfr. Pirzio Biroli Stefanelli 1989; Pirzio Biroli Stefanelli 2017.
6. Rispettivamente, *Museo Stibbert* 1970, vol. 2, p. 197, n. 2515 (senza illustrazione); *Ritrattini in cera* 1981, p. 100, n. 171.
7. Cfr. Pyke 1973, p. 115.
8. Cfr. Tassinari 2020, pp. 18-19, fig. 8.
9. Cfr. Pyke 1981, p. 33.
10. *Ritrattini in cera* 1981, p. 77, n. 74b.
11. Cfr. Forrer 1930, p. 145. Forrer lo definisce papa Pio VIII, ma ritengo abbia errato, data la brevità del suo pontificato (1829-30), che non coincide neppure con l'attività documentata del Pozzi ceroplasta.
12. Per un'analisi a tutto tondo del personaggio e dei suoi diversi ambiti di interessi e di attività, *Giuseppe Capecelatro* 2018, dove bibliografia. Per il commento alla cera, Tassinari 2020, pp. 17-18, fig. 6.
13. Cfr. Tassinari 2020, pp. 15-16, dove esame e riferimenti.
14. Cfr. Tassinari 2020, p. 15, dove esame e riferimenti.
15. Cfr. Tassinari 2020, pp. 17-19, fig. 7.
16. Cfr. *Ritrattini in cera* 1981, pp. 26, 77, n. 74b; Neri Lusanna 2014, pp. 86-87, 307-309.
17. Cfr. *Lorenzo Bartolini* 2011, p. 12, fig. 1.

Notes

1. As the last ones *Accademia* 2016, *ad indicem*; *Accademia* 2017, *ad indicem*; Mazzocca 2016-2017.
2. Basic bibliography on the subject: Pyke 1973; Pyke 1981; *Ritrattini in cera* 1981. For the history of the wax portraying, Schlosser 2011.
3. So is hypothetically attributed to Pozzi an unsigned portrait of an unknown lady (Florence, Bargello National Museum), in relation with another Pozzi's portrait, considered very similar to this one: *Ritrattini in cera* 1981, p. 106, n. 197.
4. Cf. *Ritrattini in cera* 1981.
5. Cf. Pirzio Biroli Stefanelli 1989; Pirzio Biroli Stefanelli 2017.
6. Respectively, *Museo Stibbert* 1970, vol. 2, p. 197, n. 2515 (without illustration); *Ritrattini in cera* 1981, p. 100, n. 171.
7. Cf. Pyke 1973, p. 115.
8. Cf. Tassinari 2020, pp. 18-19, fig. 8.
9. Cf. Pyke 1981, p. 33.
10. Cf. *Ritrattini in cera* 1981, p. 77, n. 74b.
11. Cf. Forrer 1930, p. 145. For Forrer he was Pius VIII, but I think he made a mistake, considering the shortness of his pontificate (1829-30), that is not even coincident with wax sculpting activity of Pozzi.
12. For a complete analysis of the character and of his several area of interest and activity: *Giuseppe Capecelatro* 2018, where there is the bibliography. For the wax comment: Tassinari 2020, pp. 17-18, fig. 6.
13. Cf. Tassinari 2020, pp. 15-16, where analysis and references.
14. Cf. Tassinari 2020, pp. 15, where analysis and references.
15. Cf. Tassinari 2020, pp. 17-19, fig. 7.
16. Cf. *Ritrattini in cera* 1981, pp. 26, 77, n. 74b; Neri Lusanna 2014, pp. 86-87, 307-309.
17. Cf. *Lorenzo Bartolini* 2011, p. 12, fig. 1.

Lorenzo Bartolini

(Savignano/Prato 1777 – Firenze 1850)

Busto muliebre / Female bust

Fine della seconda decade del XIX secolo / End of the second decade of the 19th century

Marmo bianco, h. 67,5 cm / White marble, h. 265.7 in

L'opera, di altissima qualità esecutiva e in eccellente stato di conservazione, presenta, poco più che a mezzo busto, il ritratto di una giovane donna, dai lineamenti delicati e regolari, ben evidenti nell'armoniosa definizione degli occhi e delle arcate orbitali, nel naso piccolo e ben modellato, nelle labbra sottili e leggermente dischiuse e, ancora, nella fronte levigatissima e nell'ovale perfetto. A fare da appropriato contorno al bellissimo volto della figura è visibile un'elaborata acconciatura, raccolta in una treccia appuntata come una corona alla sommità della testa, sostenuta da pettini e fermagli che mettono magneticamente in risalto i boccoli ben disegnati ai lati della testa. A differenza del volto e della chioma la parte inferiore del busto è definita, per "ideale contrasto", con maggiore semplicità, così come risulta dalla "severa" linearità della veste, che, priva di elementi ornamentali, pone unicamente attenzione al bordo della scollatura e degli spallini.

I caratteri di stile, l'acribia esecutiva e l'accurata definizione del personaggio inducono a riconoscere nell'autore dell'opera, anche in assenza di specifiche documentazioni storiche, Lorenzo Bartolini, figura chiave della scultura italiana tra il Neoclassicismo e il Romanticismo.

Figlio di Liborio Bartolini e di Maria Maddalena Magli, Lorenzo, appartenente a una famiglia di modestissime origini, nacque a Savignano, piccola località situata sulle montagne pratesi nei pressi di Vernio, il 7 gennaio 1777. Come apprendiamo dalle sue memorie, questi, all'età di otto anni, si trasferì con la famiglia a Firenze, dove fu avviato inizialmente all'attività di fabbro, mestiere praticato dal padre. Dopo aver dimostrato poca predisposizione per questa professione, il giovane, già distintosi per alcune decorazioni scultoree, fu iscritto nel 1789, all'età di dodici anni, all'Accademia di Belle Arti del capoluogo toscano, inaugurata pochi anni prima, ovvero nel 1784, per volontà del granduca Pietro Leopoldo d'Asburgo Lorena. La permanenza all'Accademia fu molto breve e poco tempo più tardi, questi entrò a lavorare a Prato nella bottega dei fratelli Pietro e Giovanni Pisani, nella quale conobbe lo scultore trentino Giovanni Insom. Dopo un breve passaggio a Volterra, dove apprese l'arte della lavorazione dell'alabastro, Bartolini decise di dare una svolta significativa alla sua vita professionale e, al seguito dell'esercito francese, si recò a Parigi nel 1799,

This work of exquisite quality in an excellent state of conservation shows, in barely more than a half bust, a portrait of a young lady with delicate and regular facial features, very evident in the harmonious definition of the eyes and brow ridges, the small, well-shaped nose, the thin, slightly open lips and the smooth forehead and perfect oval shape. Creating an appropriate frame for the marvellous face of the figure we see an elaborate hair style, tied in a braid pinned as a crown at the top of the head, supported by combs and clips that magnetically highlight the well-designed curly ringlets at the temples. In contrast to the face and hair, the lower part of the bust is rendered with greater simplicity, resulting from the "severe" linearity of the dress which, without decorative elements, completely directs the attention to the borders of the neckline and the straps.

The characteristics of the style, the precision of the execution and the accurate definition of the figure lead us to recognise the author of the work, even if in absence of specific historical documentations, as Lorenzo Bartolini, a key figure of Italian sculpting between Neoclassicism and Romanticism.

Son of Liborio Bartolini and Maria Maddalena Magli, Lorenzo, coming from a family of very humble origins, was born in Savignano, a small village on the mountain of Prato, close to Vernio, on January 7th, 1777. As we learn from his memoir, when he was 8 years old he moved to Florence with his family, where he was initially apprenticed as a blacksmith, his father's profession. After showing little propensity for this profession, the young man, already distinguished by some works of sculpture, was registered in 1789 at 12 years old at the Academy of Fine Arts of the Tuscan Capital, which had been inaugurated just a few years before in 1784 at the behest of Grand Duke Leopold II Hapsburg-Lorraine. His stay in the Academy was very brief and a short time later, he started working in Prato in the workshop of the brothers Pietro and Giovanni Pisani, where he met the sculptor from Trentino Giovanni Insom. After a short stay in Volterra, where he learned to work with alabaster, Bartolini decided to change his career and, following the French army, he moved to Paris in 1799, where quickly entered in the *atelier* of Jacques-Louis David,

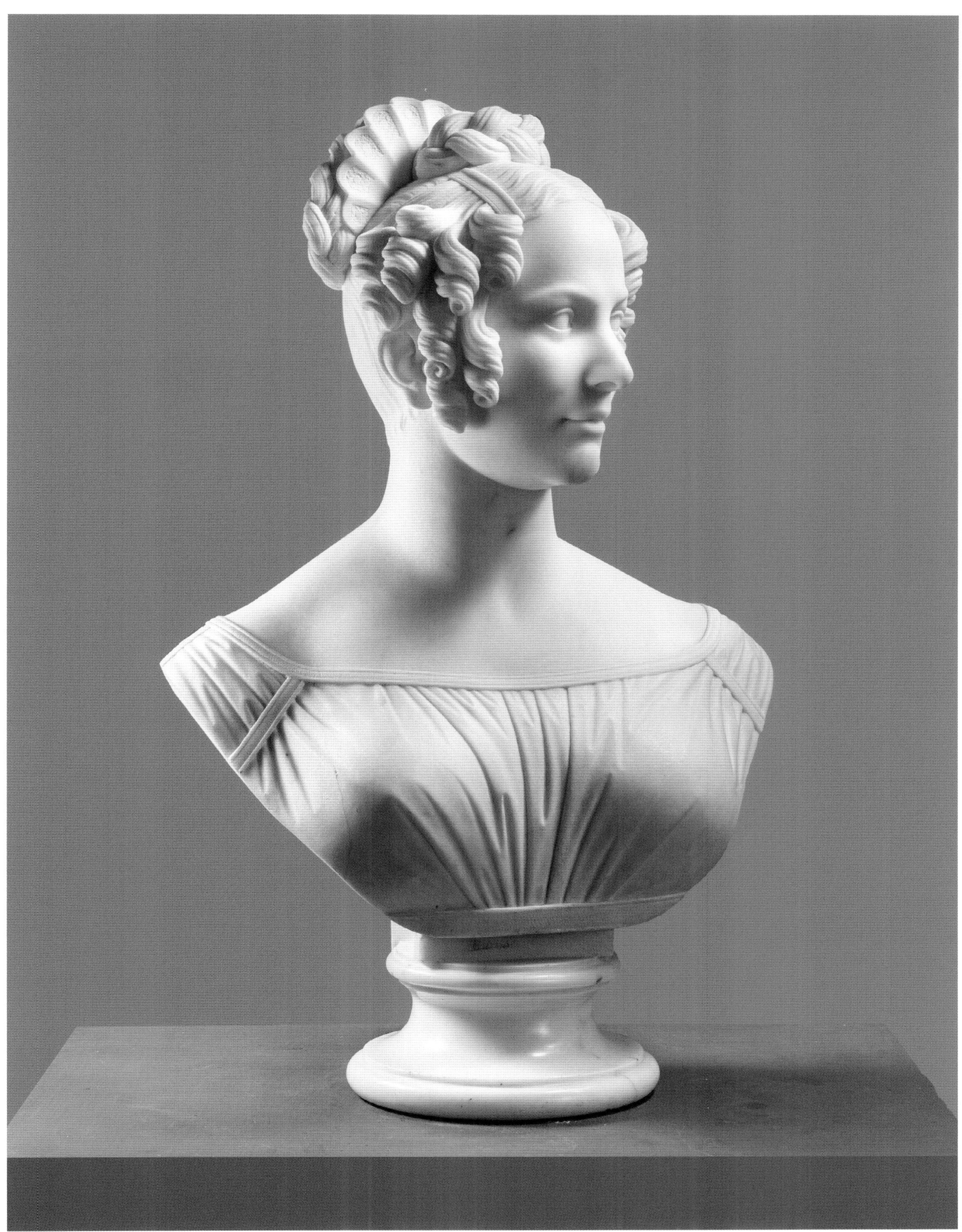

dove, nel giro di breve tempo, entrò nell'*atelier* di Jacques-Louis David, nel quale strinse legami di amicizia Jean-Auguste-Dominque Ingres. La conoscenza dei grandi maestri della corrente neoclassica francese affinò le sue inclinazioni artistiche favorendo, al contempo, la sua ascesa professionale, testimoniata, in modo paradigmatico, da ambite commissioni. Forte dei successi ottenuti a Parigi e grazie alla protezione di Elisa Baciocchi, sorella di Napoleone e granduchessa di Toscana, l'artista, rientrato in Italia, fu nominato nel 1807 professore di scultura all'Accademia di Belle di Carrara. Dopo la caduta di Napoleone si trasferì a Firenze, dove, molto apprezzato dai più raffinati critici e collezionisti d'arte, si distinse, artisticamente, per un linguaggio figurativo ricco di dotto eclettismo, nel quale si conciliavano, con perfetta armonia, riflessioni sulla cultura antica e originali rivisitazioni in chiave contemporanea delle sculture rinascimentali toscane. Attivo soprattutto per rinomati committenti stranieri, tra i quali appare sufficiente menzionare per importanza il principe Anatlolij Nikolaevič Demidov, Bartolini, divenuto il più celebre scultore italiano dopo la morte di Canova, fu nominato nel 1839, in seguito alla morte di Stefano Ricci, professore di scultura all'Accademia di Belle Arti di Firenze, carica che rivestì fino al momento della morte, avvenuta il 20 gennaio 1850. L'ultimo tempo dell'attività di Bartolini fu segnato da marcati interessi verso formule descrittive di matrice naturalistica, sintomatiche dalla corrente purista allora imperante, evidenti nel superamento di formule accademiche convenzionali e nella ricerca di dati descrittivi tratti dalla realtà[1].

L'assegnazione della scultura al catalogo di Bartolini si evince, in assenza di documentazioni archivistiche o di memorie storiche, dal confronto con opere, tipologicamente e stilisticamente affini, autografe di questo artista raffiguranti busti muliebri, oggi, purtroppo, solo in parte associabili ai nomi de personaggi ritrattati. I caratteri particolari nella descrizione dell'abito e dell'acconciatura della figura ricorrono, in effetti, in varie sculture bartoliniane con ritratti femminili improntati, più o meno, sulle stesse formule descrittive. Insieme ai busti in gesso raffiguranti personaggi al momento privi di identificazione rubricati con i numeri di inventario 1272, 1529 e 1630 *(a)* nelle raccolte della Galleria dell'Accademia di Firenze, sono da menzionare per ulteriori analogie con l'opera in esame il marmo con *Maria Leopoldina Metternich* nel Castello Metternich a Lázne Kynžart nella Repubblica Ceca, il busto sempre in marmo con *Rosa Ventimiglia y Moncada* nel Palacio de Liria a Madrid *(b)* e, ancora, la coppia di modelli in gesso, conservati nella Galleria dell'Accademia, con le effigi di *Lady Emily Herbert Pusey* e di *Antonietta Francesca Costanza Caillard Peñalver*. L'unica variante visibile nel nostro marmo rispetto alle opere appena citate consiste nel taglio secco del busto, che, privo del drappo presente

becoming friend of Jean-Auguste-Domique Ingres. His relationship with these great masters of the French neoclassical movement refined his artistic inclination and, at the same time, favoured his professional ascent, testified, paradigmatically, by important commissions. Strengthened by these successes in Paris and thanks to the protection of Elisa Baciocchi, Napoleon's sister and Grand Duchess of Tuscany, the artist came back to Italy and was named Professor of Sculpture at the Academy of Fine Arts of Carrara in 1807. After Napoleon's fall, he moved back to Florence where, much appreciated by the most sophisticated critics and art collectors, he distinguished himself artistically with a figurative language rich in intellectual eclecticism, in which he reconciled, with perfect harmony, reflections on ancient civilization and original interpretations of Renaissance Tuscan Sculpture in a contemporary key. Working mostly with famous foreign patrons, among which it is sufficient to mention Prince Anatoly Nikolaievich Demidov, Bartolini, who became the most important Italian sculptor after the death of Canova, was nominated in 1839, after the death of Stefano Ricci, Professor of Sculpture at the Academy of Fine Arts in Florence, keeping this role until he passed away on January 20th, 1850. The last part of his career was marked by a keen interest in descriptive formulations of naturalist origins, a manifestation of the predominant Purism movement, evident in the passing of formal academic conventions and in the search for descriptive data taken from reality.[1]

The assignment of this sculpture to the catalogue of Bartolini is deduced, in absence of archival documentation or historical memories, by comparison with typologically and stylistically similar works signed by this artist depicting female busts that today are only partially assignable to the names of the people portrayed. The particular features of the rendering of the dress and hair style of the figure reoccur, indeed, in various Bartolini female portraits modelled, more or less, on the same descriptive formulations. Together with the plaster cast busts representing unknown women with inventory numbers 1272, 1529 and 1630 *(a)* in the collection of the Gallery of the Academy of Florence, we should mention further analogies with the present work including the marble with *Maria Leopoldina Metternich*, in the Metternich Castle at Lázně Kynžvart in the Czech Republic, the bust, always in marble, of *Rosa Ventimiglia y Moncada* in the Palacio de Liria in Madrid *(b)* and, also, the pair of plaster cast models, held in the Gallery of the Academy, with the effigies of *Lady Emily Herbert Pusey* and of *Antonietta Francesca Costanza Caillard Pañalver*. The only visible variant in our marble respect to the aforementioned pieces consists of the sharp cut of the bust that, without the drapery of the other exemplars to smooth the cut in a less violent way, finds anyway similarities with other Bar-

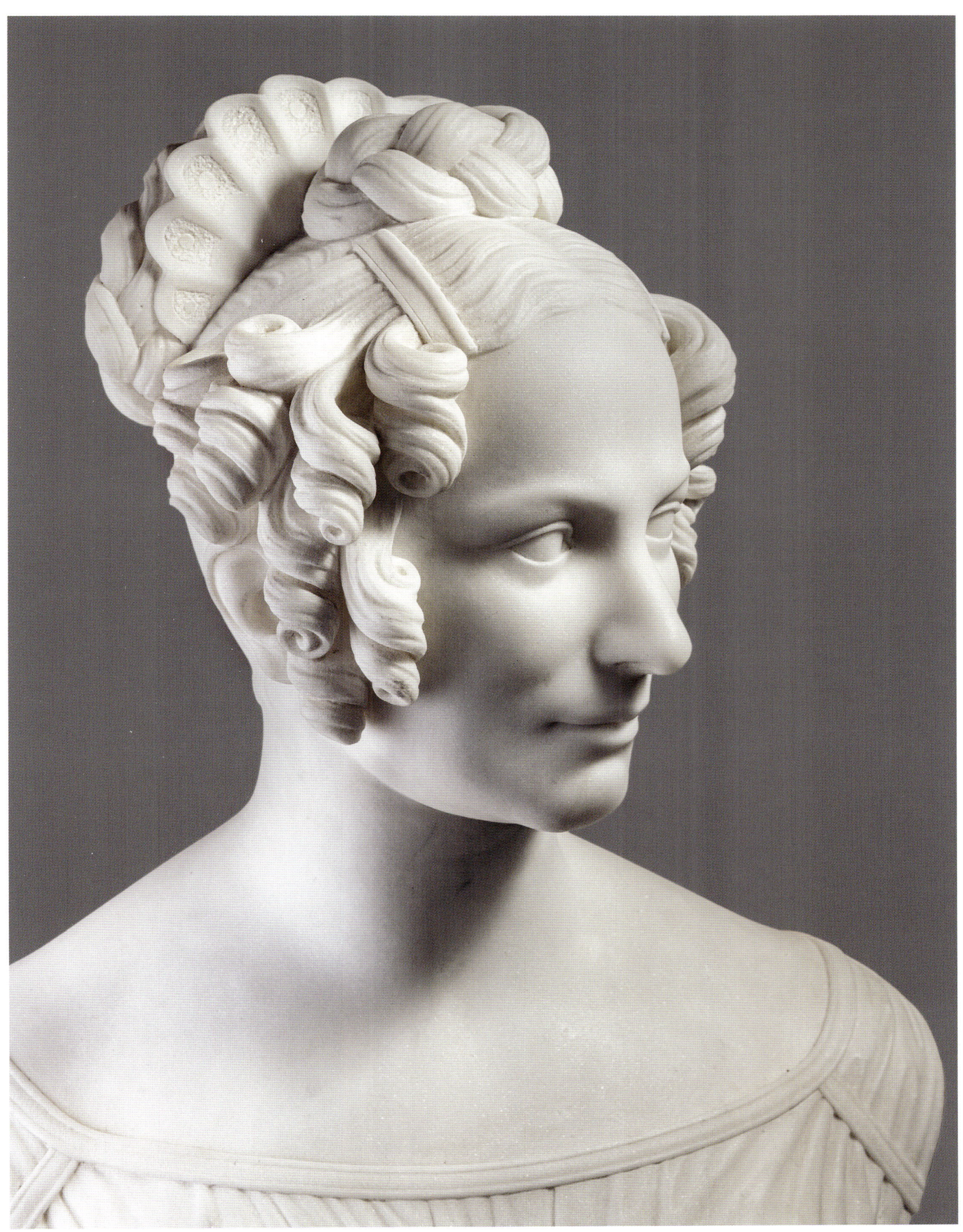

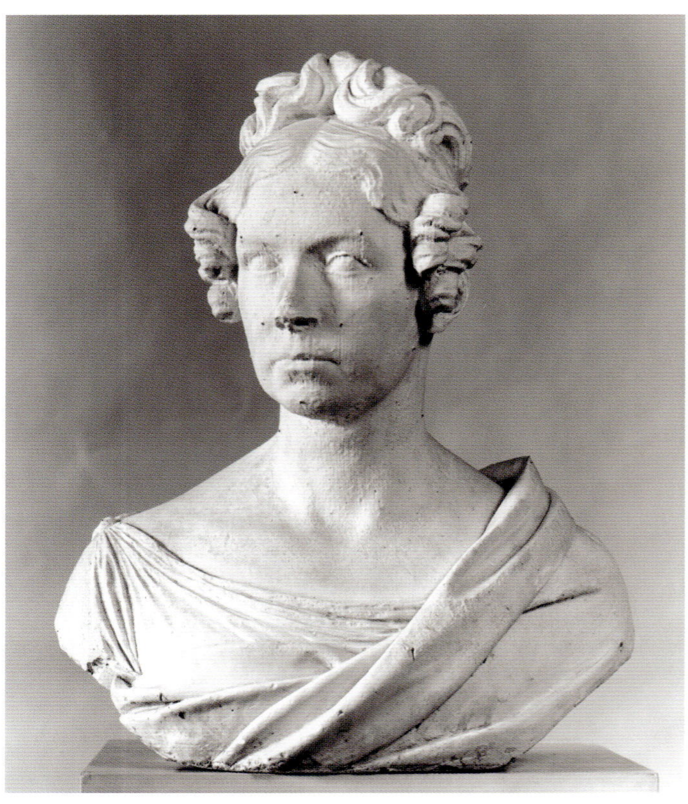

(a) Lorenzo Bartolini, *Busto di donna / Female bust*,
primo quarto del XIX secolo / first quarter of the 19th century,
gesso / plaster, h 51 cm / 20.07 in,
Firenze / Galleria dell'Accademia.

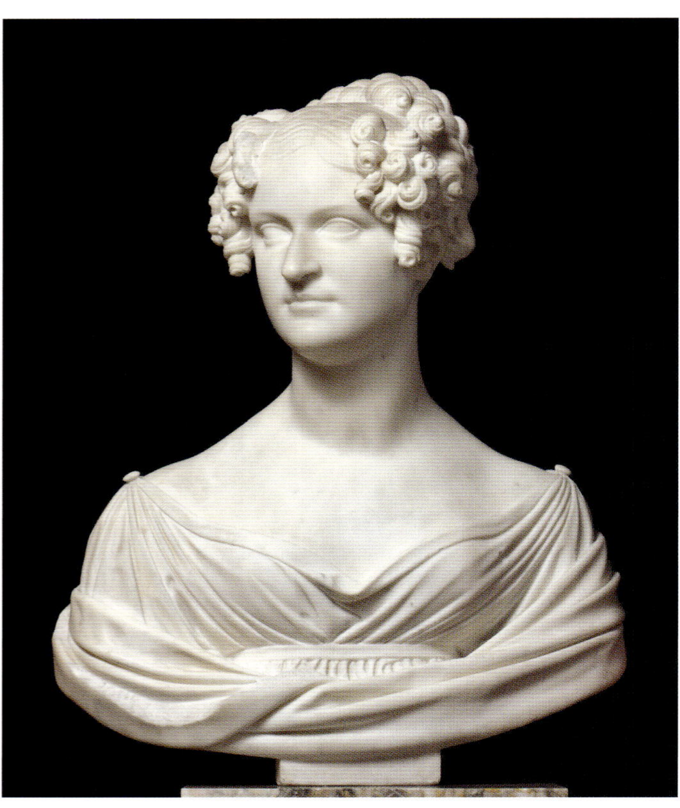

(b) Lorenzo Bartolini, *Rosa Ventimiglia y Moncada*,
1819, marmo / marble, h 61 cm / 24.01 in,
Madrid / Palacio de Liria.

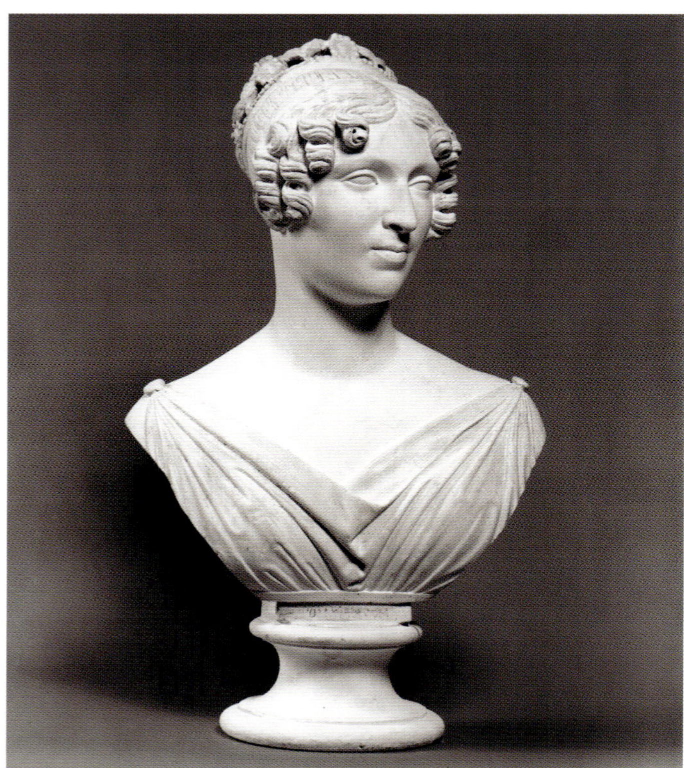

(c) Lorenzo Bartolini, *Hortense Eugénie Cécile de Beauharnais*,
1812-1813, gesso / plaster, h 72 cm / 28.3 in,
Firenze / Galleria dell'Accademia.

negli altri esemplari per smorzare in modo meno violento la troncatura, trova comunque accordi con altre sculture di Bartolini, sempre raffiguranti ritratti di donna, come il gesso con *Hortense Eugénie Cécile de Beauharnais* conservato anch'esso alla Galleria dell'Accademia di Firenze (inventario 1625) *(c)*. La datazione tra il 1817 e il 1819 certificata con certezza dai busti citati di *Emily Herbert Pusey* e di *Rosa Ventimiglia y Moncada* consente di collocare convincentemente l'esecuzione del nostro marmo alla fine del secondo decennio dell'Ottocento, poco dopo la caduta napoleonica, come sembrano indicare la foggia dell'abito e, soprattutto, la particolarità dell'acconciatura.

La presenza del cognome Biondi trascritto a matita con grafia ottocentesca nella parte alta del basamento del busto potrebbe indicare la famiglia alla quale era appartenuta in origine l'opera. Da questa famiglia si dovette generare, con probabilità, il ramo Biondi Bartolini presente in Toscana, almeno a Firenze e Prato. Vista l'affinità tra il cognome dell'autore della statua e quello Biondi Bartolini non sarebbe da escludere, a mio avviso, un eventuale rapporto di parentela tra Lorenzo e gli ex proprietari dell'opera.

S.B.

tolini sculptures, always portraits of women, like the plaster cast of *Hortense Eugénie Cécile de Beauharnais* preserved also in the Gallery of the Academy (inventory 1625) *(c)*. The conclusively certified dating between 1817 and 1819 of the aforementioned busts of *Emily Herbert Pusey* and of *Rosa Ventimiglia y Moncada* allow us to convincingly link the creation of our marble to the end of the second decade of the 19th century, just after Napoleon's fall, as seemingly indicated by the manner of the dress and, above all, the peculiarity of the hair style.

The presence of the surname Biondi written in pencil with a 19th century handwriting in the upper part of the pedestal of the bust may indicate the family who previously owned of the work. From this family may be generated the Biondi Bartolini branch present in Tuscany, at least in Florence and in Prato. Considering the affinity between the surname of the author and the Biondi Bartolini is not to exclude and eventual kinship between Lorenzo and the previous owner.

S.B.

NOTE

1 Per l'artista si veda soprattutto *Lorenzo Bartolini*, a cura di vari autori, Firenze, 2010 e *Lorenzo Bartolini scultore del bello naturale*, catalogo della mostra a cura di F. Falletti, S. Bietoletti e A. Caputo, Firenze, 2011; con bibliografia precedente.

NOTES

1 For the biography of the artist, mostly cf. *Lorenzo Bartolini*, Florence 2010; *Lorenzo Bartolini scultore del bello naturale*, catalogue of the exhibition edited by F. Falletti, S. Bietoletti and A. Caputo, Florence 2011, with the previous bibliography.

Luigi Ademollo

(Milano 1764 – Firenze 1849)

Praxeis Alexandrou. Le gesta di Alessandro Magno dalle "Vite Parallele" di Plutarco

Praxeis Alexandrou. Alexander the Great's deeds from "Parallel Lives" by Plutarch

circa / around 1790-1810

Serie di 5 monocromi, Tracce di grafite e sanguigna, inchiostro bruno, acquerellatura marrone, rialzi a biacca su carta vergellata preparata con acquerellatura ocra-marrone, incollata su tela chiodata e montata su legno.

Series of five monochromes, traces of graphite and sanguine, brown ink, brown watercolours, white lead on laid paper with ochre-.brown watercolors, pasted on a nailed canvas and mounted on wood.

L'autore dei disegni qui esposti è l'artista neoclassico di origini milanesi, ma naturalizzatosi in Toscana, Luigi Adamolli detto "Ademollo" (Milano 1764 – Firenze 1849). È doveroso partire con alcuni cenni biografici e storico artistici che spieghino il linguaggio iconografico di questi disegni e consentano di profilare l'artista nella compagine della cultura antichizzante e pre-romantica europea, tra fine Settecento e primi decenni dell'Ottocento.

Innanzitutto la tematica dei disegni riguarda le storie e gesta della figura eroica e regale più nota della storia antica e la cui vita, divenuto mito e simbolo, è assurta a *exempla virtutis* nella cultura europea moderna fino a tutto il XVIII secolo. Eccoci dunque al secolo in cui Ademollo nasceva, all'insorgere del gusto neoclassico, e muoveva i suoi primi passi artistici come allievo dell'illuminata e mitteleuropea Accademia di Belle Arti di Brera a Milano, fondata per volontà dell'Imperatrice Maria Teresa d'Asburgo nel 1776. Le basi culturali del giovane lombardo sono perciò quelle dello studio dei classici propagandato all'epoca dell'*Ancien Regime* e fatto di autori come Omero, Aristotele, Cicerone, Virgilio, Orazio, Sallustio, Ovidio, Plutarco, Tacito che non a caso diventano il contenuto ideologico e culturale anche del Nostro. A ulteriore riprova che questo *humus* abbia forgiato il bagaglio culturale dell'Ademollo va detto che il programma didattico della neonata accademia braidense andava in direzione della pittura di storia antica e degli *exempla virtutis*. In piena corrispondenza col gusto decretato dai concorsi del Salon Carrè dell'Académie royale de peinture et sculpture di Parigi dove, nel 1774, uno sconosciuto o quasi Jacques Louis David vinceva il Prix de Rome con il quadro *Erasistrato alla scoperta della causa della malattia di Antioco dal suo amore per Stratonice* estratto non a caso dalle *Vite Parallele* di Plutarco.

Ad occuparsi, assieme all'imperatrice, del progetto di nascita dell'Accademia milanese fu il ministro plenipotenziario della Lombardia sotto il governo teresiano, il Conte Carlo Firmian. Lo stesso conte commissionò in quegli anni al suo pittore di fiducia Martin Knoller una serie di quadri legati ad *exempla virtutis* e alle vite plutarchee su temi quali l'*Attilio Regolo*, la *Distruzione di Cartagine*, *Scipione l'Afri-*

The author of the drawing here exhibited is the neoclassical artist from Milan, but naturalised in Tuscany, Luigi Adamolli called "Ademollo" (Milan 1764 – Florence 1849). We must start with some biographical and historical artistic notes which explain the iconography of these drawings and allow us to profile the artist in the antique and pre-romantic European cultural context, between the end of the 18th and the first decades of the 19th centuries.

First of all the theme of the drawings is the history and the deeds of the most well-known heroic and royal character of antique history whose life, which become a myth and a symbol, was turned into a virtuous example in modern European culture until the end of the 18th century. Here we arrive at the century when Ademollo was born, with the rise of neoclassical tastes, and when he took his first artistic steps as a student of the Enlightened and Mid-European Brera Fine Arts Academy in Milan, funded at the wish of the Empress Maria Theresa of the House of Hapsburg-Lorraine in 1776. The cultural base of the young artist from Lombardy was as such the study of the classics of the Ancient Regime promoted at the time, composed of authors as Homer, Aristotle, Cicero, Virgil, Horace, Sallust, Ovid, Plutarch and Tacitus. We must say that further proof that this is the base that forged the cultural baggage of Ademollo is the fact that the didactic program of the newborn Academy of Brera was directed towards painting of antique history and virtuous examples. In full correspondence with the taste declared by the commissions of the Salon Carrè of the Parisian Royal Academy of Painting and Sculpture where in 1774 a mostly unknown Jacques Louis David won the Prix de Rome with the painting *Erasistratus looking for the cause of Antiochus's illness by his love for Stratonice,* excerpt, not by chance, from Plutarch *Parallel Lives.*

Count Carlo Firmian, the plenipotentiary minister of Lombardy under the Maria Theresa government, was in charge of the project of the birth of the Academy in Milan together with the Empress. The count himself commissioned in those years to his trusted painter Martin Knoller a series of paintings related to virtuous examples and to Plutarch's *Lives* including the themes *Attilius Regulus*, *Destruction of*

cano di cui abbiamo notizia dai suoi carteggi. Da tali fonti apprendiamo che i suoi riferimenti bibliografici comprendevano, oltre al testo di Plutarco, i volumi della *Histoire Romaine* di François Catrou e Pierre-Julien Rouillé, testo che anche l'Ademollo possedeva e adoperava come riferimento filologico per i suoi scenari all'antica. Parimenti, anche Luigi userà Plutarco per alcuni di questi soggetti ma rispetto allo stile aulico, accademico e poussiniano del Knoller, vi è in Ademollo l'evoluzione del linguaggio tardo settecentesco con chiari segni di adesione al Sublime. Gusto che si conferma nell'interesse per il volume di Alessandro Verri, *Notti romane al sepolcro degli Scipioni*, del 1782 e 1791, come fonte scritta dei suoi visionari capricci romani.

Il contesto per il progetto di questi disegni alessandrini si inserisce a buon diritto in quest'epoca dove teoria e retorica di un certo stampo conservativo promuovono il rinnovamento della pittura di storia. Si patrocinavano i giusti esempi morali, in nome delle grandi virtù degli antichi greci e romani, sotto l'egida di pensatori come Johann Joachim Winckelmann e Anton Raphael Mengs ideatori del manifesto neoclassicista.

In questo *milieu* culturale fregiarsi di opere d'arte che, unendo retorica e pittura, propagandassero gli *exempla virtutis* rappresentava uno status simbol. Ed è proprio questo il contesto delle committenze nobiliari e alto borghesi ricevute dall'Ademollo in Toscana, a partire dall'ultimo decennio del XVIII secolo. Ed egli fu un artista che proveniva dai luoghi promotori di questo linguaggio iconografico e che risultò quindi *à la page*.

Prima di giungere a Firenze nel 1789 Luigi allargò i suoi orizzonti artistici e le sue esperienze lasciando l'accademia e lavorando a fine Settecento come apprendista scenografo al seguito del pittore iberico-milanese Luigi Rodriguez, in area padana.

A Roma poi elaborò fortemente il gusto *â la grecque* lavorando per il vedutista svizzero Abraham Louis Rodoplh Ducros ed il francese Cassas dai quali fece suoi i motivi rovinistici e orientaleggianti.

Agli anni cui si riferisce l'esecuzione di questa serie di disegni, 1790-1810 circa, fa capo l'ulteriore periodo romano di Ademollo spesato sia dall'Accademia braidense, per una pensione di studio nel 1791, sia tramite i suoi committenti toscani il marchese Carlo Ginori e Domenico Scotto. Non abbiamo documenti che attestino la commissione di queste opere ma un ventaglio di possibili connessioni al contesto culturale che le vide nascere. Il tema alessandrino era dunque nel novero degli *exempla* di grandi uomini illustri e fra gli artisti contemporanei a Luigi che lo trattarono si ricorda il concittadino e collega accademico Giovan Battista Dell'Era: autore nel 1793 del quadro con *Alessandro il Grande in atto di donare ad Apelle la bella Campaspe* per il Giovan Battista Vertova di Bergamo.

In scultura, invece, il danese Berthel Thorvaldsen eseguì

Carthage, and *Scipio Africanus,* which are quoted in his correspondence. By those sources we learn that his bibliographical references included, together with Plutarch, the volumes *Histoire Romaine* by François Catrou and Pierre-Julien Rouillé, books which Ademollo also owned and used as philological reference for his antique scenarios. In the same way, Luigi also used Plutarch for some of his subjects but in confrontation to the solemn, academic and inspired-by-Poussin style of Knoller, in Ademollo there is the evolution of the later 18th century language, with clear signs of adhesion to the Sublime. Tastes confirmed by his interest in the volume of Alessandro Verri, *Roman nights at the Scipionic circle's sepulchre*, of the 1782 and 1791, as a written source for his visionary Roman follies.

The context for the project of these Alexander the Great themed drawings fits easily into these times where theory and rhetoric of a certain conservative imprint promoted the renewal of historical painting. Correct moral examples were patronized, in the name of the antique Greek and Roman great virtues, under the auspices of thinkers such as Johann Joachim Winckelmann and Anton Raphael Mengs who were the creators of the neoclassical manifesto.

In this cultural *milieu* owning works of art that, joining rhetoric and painting, were propaganda for virtuous examples represented a status symbol. This is exactly the context of the aristocratic and upper middle class commissions that Ademollo received in Tuscany, starting from the last decade of the 18th century. And he was an artist coming from a place promoting this iconographic language, so he was in step with the times.

Before arriving in Florence in the 1789 Luigi broadened his artistic horizons and his experiences leaving the Academy and working until the end of the 18th century as apprentice scenographer following the half Spanish half Milanese artist Luigi Rodriguez in the Po Valley area.

In Rome he deeply elaborated the *â la grecque* taste working for the Swiss landscape painter Abraham Louis Rodoplh Ducros and the French Cassas from whom received the inspiration for his ruins and oriental motifs.

Regarding the years of the making of this series of drawings, 1790-1810, most influential is Ademollo's further stay in Rome, paid both by a Brera Academy scholarship in 1791 and through his Tuscan customers the marquis Carlo Ginori and Domenico Scotto. We do not have documents attesting to the commissions for those works but we can find possible connections to the cultural background that saw their birth. Alexander the Great was in a group of examples of great illustrious men and among the contemporaries of Luigi treating this theme we should mention the fellow citizen and academic colleague Giovan Battista dell'Era: author in 1793 of a painting with *Alex-*

nel 1812 una decorazione in stucco con il *Trionfo di Alessandro Magno a Babilonia* per il terzo salone dell'Imperatore nel Palazzo del Quirinale, al tempo dell'insediamento romano di Napoleone, celebrato così come nuovo Alessandro Magno. Anche in questo caso troviamo l'Ademollo anticipatore del soggetto baccanico alessandrino, per cui ricevette la commissione di dipingere l'intera galleria della Villa Grazzini del Senatore Bartolini-Baldelli in Firenze nel 1790.

Legato a questo ciclo pittorico sono stati recentemente rintracciati due importanti disegni preparatori della scena trionfale: uno passato al mercato antiquario e l'altro conservato nel Museo Cerralbo di Madrid. Entrambi sono paragonabili al livello qualitativo e all'epoca dei pezzi esposti in questa serie.

Come questi due fogli si sono potuti legare alla commissione dei Grazzini, così si è propensi a ipotizzare i ben cinque fogli qui in esame come schema progettuale di un vero e proprio ciclo pittorico. Ademollo era solito non solo progettare graficamente e con bozzetti preliminari a tempera il proprio programma iconografico per l'eventuale richiedente, ma, successivamente, si autopromuoveva con derivazioni a stampa dei soggetti più riusciti, come nel caso dei cicli senesi e pisani.

Dunque la destinazione della serie alessandrina come ciclo pittorico sembra assai probabile contando anche l'esempio nel Gabinetto dei Disegni e delle Stampe degli Uffizi di un disegno preparatorio del Nostro, affine per tecnica e dimensioni a questi fogli. Si tratta della *Moglie di Asdrubale rimprovera il marito di essersi arreso a Scipione (a)* scena che Ademollo poi dipinse su una delle pareti della sala della *Distruzione di Cartagine* in palazzo Venturi Gallerani nel 1793-1794.

Tornando al *file rouge* delle commissioni legate al tema plutarcheo della *Vita di Alessandro* vanno pure menzionati i bozzetti a tempera per la sala della Regia Accademia dei Floridi, un annesso al Teatro Carlo Lodovico di Livorno, che Luigi decorò per la reggente del Ducato di Lucca Maria Luisa di Borbone nel 1805-1806. L'articolo dello studioso Guerri segnalava e pubblicava fra i bozzetti ademolliani a monocromo anche due dei soggetti che ritroviamo nei disegni della presente serie: *Timoclea tebana* e *Morte di Dario*.

La consuetudine con il tema alessandrino è dimostrata pure dal ciclo di dipinti murali eseguiti in epoca napoleonica, nel 1803, per il palazzo senese del Maire Giulio Ranuccio Bianchi Bandinelli Paparoni con i seguenti temi: *Nozze di Alessandro Magno e Rossane, Alessandro e Diogene, Alessandro al Tempio di Ammone, Alessandro e la famiglia di Dario, il Sacrificio di Numa, Orfeo* e due lunette con *Giunone e Giove e Giunone con Venere.*

Il portfolio grafico qui esposto s'inserisce perciò nel novero di queste tante commissioni che prediligevano le gesta di Alessandro con un chiaro messaggio ufficiale e

ander the Great donating to Apelles the beautiful Campapse for Giovan Battista Vertova from Bergamo.

In sculpture, instead, the Danish Berthel Thorvaldsen made in 1812 a stucco decoration with the Triumph of Alexander The Great in Babylon for the third hall of the Imperator in the Quirinal Palace, at the time Napoleon stayed in Rome, celebrated as the new Alexander the Great. In this case, too, we find Ademollo as a pioneer of the Bacchic Alexandrians subject, for which he received the commission to paint the entire gallery of Villa Grazzini, property of the Senator Bartolini-Baldelli in Florence in 1790.

Tied to this painting cycle are two recently retraced important preparatory drawings of the triumphal scene: one found on the antique market and the other preserved in the Museo Cerralbo in Madrid. Both are comparable in level of quality level and dating to the pieces exhibited in this series.

As the two drawings can be linked to the Grazzini commission, so we can hypothesize the five pieces here examined as the draft scheme of a proper painting cycle. Ademollo not only prepared graphic projections and preliminary drafts in tempera of his iconographic programs for eventual buyers, but, later on, also promoted himself with print derivations of his more successful subjects, such as the Pisa and Siena cycles.

So the finality of the Alexander series as a painting cycle looks probable, taking into consideration also the example in the Uffizi Galleries Department of Prints and Drawings of a preparatory drawing made by him, similar in technique and dimensions to these pages. It is of *Hasdrubal Barca's wife telling off her husband for surrendering to Scipio Africanus (a)*: a scene later on painted on one of the walls of the room of the *Destruction of Carthage* in the Venturi Gallerani Palace in 1793-1794.

Coming back to the leitmotif of the commission on the Plutarch theme of the Life of Alexander we can also mention two tempera drafts for the room of the Royal Floridi Academy, an annex of the Carlo Lodovico Theatre in Leghorn, which Luigi decorated for Maria Luisa of Spain Duchess of Lucca in the 1805-1806. The article of the scholar Guerri signed and published among Ademollo's drafts a monochrome also of two of the subjects that we find in the drawings of this series: *Timocleia from Thebes* and *Darius' death.*

The tradition of the Alexander the Great theme is also demonstrated by the cycle of mural paintings done in Napoleon's time, in 1803, for the Palace in Siena of the Mayor Giulio Ranuccio Bianchi Bandinelli Paparoni with the following themes: *Alexander the Great and Roxanne's Wedding*, *Alexander and Diogenes the Cynic*, *Alexander at the Temple of Amon*, *Alexander and Darius's family*, *The sacrifice of Numa*, *Orpheus and two crescents with Juno and Jupiter*, and *Juno with Venus.*

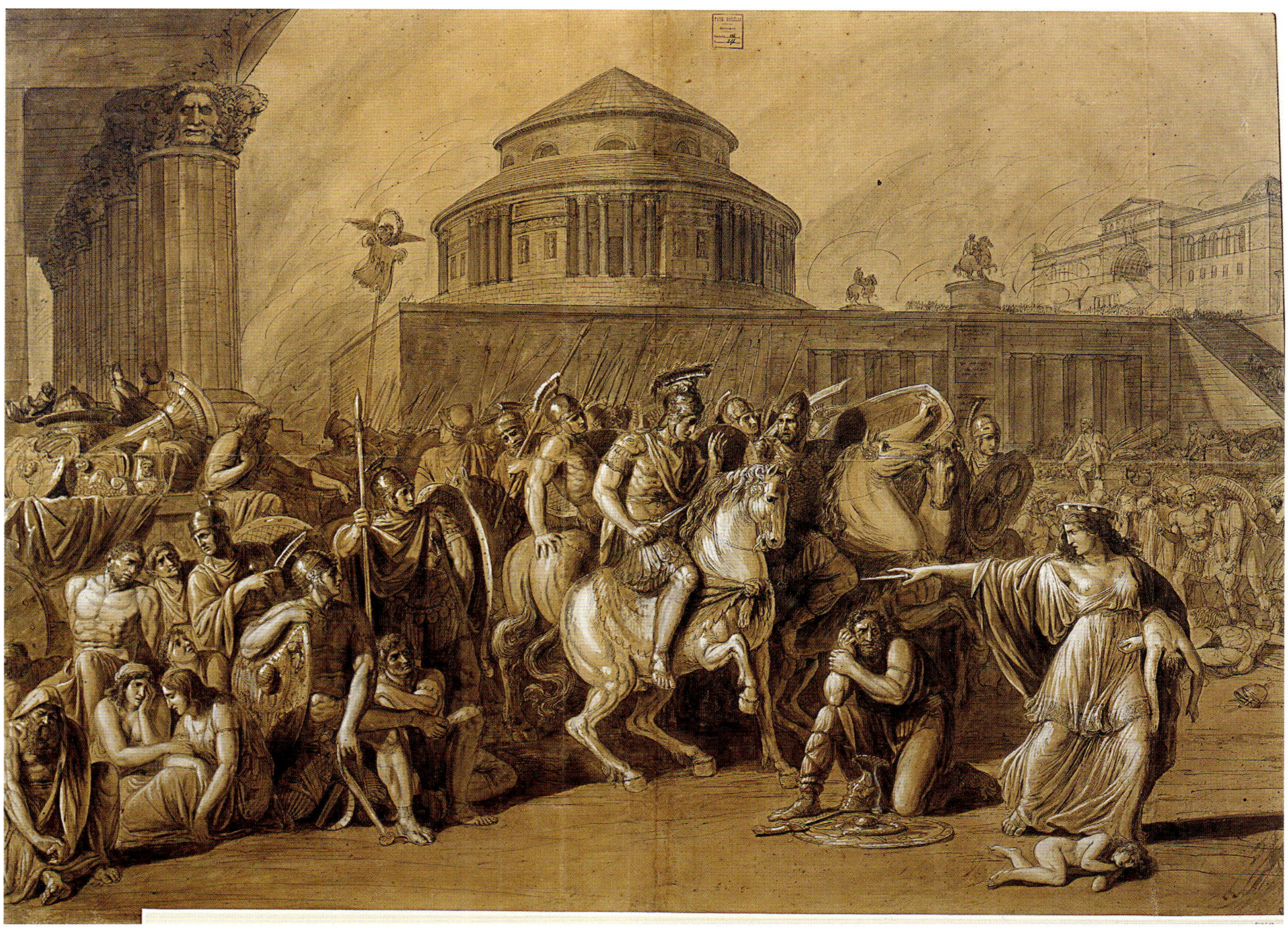

(a) Luigi Ademollo, *La moglie di Asdrubale rimprovera il marito di essersi arreso a Scipione / Hasdrubal Barca's wife telling off her husband for surrendering to Scipio Africanus*, 1790 circa/around 1790, Penna, acquerello marrone e grigio, biacca, tracce di matita nera, carta marroncina / Pen, brown and grey watercolours, white leads, traces of pencil, brownish paper, 920 × 1245 mm / 36.2 × 49.01 in, N.A UFF. 109612, GDSU, Firenze.

spesso pure politico. Per il suo grande mecenate Domenico Scotto eseguì in gran parte temi tratti dall'*Iliade* ma va segnalata la preziosa testimonianza archivistica di un cargo di ventiquattro olii definite «dodici tempere e dodici in chiaro scuro» che l'artista di stanza a Roma, a spese dello Scotto, gli inviò nel 1805. Purtroppo ci è ignoto il soggetto delle opere, ma resta una ulteriore possibile traccia per il contesto esecutivo della serie qui presentata.

Chiari rimandi al continuo esercizio di Ademollo sul soggetto delle *Vite* di Plutarco provengono anche dalla lista dei ben ventidue quadri presenti nel suo lascito testamentario, da lui redatto il 15 Luglio 1843. Il tema fu oggetto parimenti delle serie di acqueforti vigesma e vigesima nona parte del suo *Catalogo delle tavole* pubblicato nel 1837.

L'immediatezza pre-romantica di certi aspetti dello stile disegnativo e pittorico dell'Ademollo lo avvicinarono, pure nella sua fase più matura, agli sviluppi anche internazionali

The graphic portfolio exhibited here can thus be added to the group of many orders favouring the deeds of Alexander the Great with a clear official and quite often political message. For his important patron Domenico Scotto he focussed mostly on themes excerpted from the Iliad but we also mention the precious archivist testament of a cargo of twenty-four oil paintings called "twelve temperas and twelve chiaroscuro" that the artist, based in Rome, paid by Scotto, sent to him in 1805.

Unfortunately we do not know the subjects of the works, but we still have a possible trace for the context in which the series here presented was executed.

Clear reminders of the continuous exercise of Ademollo on the subject of the Plutarch's *Parallel Lives* come from the list of twenty two paintings present in his Testament bequest, written by him on 1843 July 15th. The theme was also the same for the series of etchings vigesima and

della pittura del suo tempo, specie fra primo e secondo ottocento.

L'uso della biacca e l'eleganza del disegno rispecchiano l'aspetto lunare delle fantasie sublimi e ossianiche di Füssli fino al vigore rubenista di Delacroix. Il mito della Roma imperiale e dei suoi scenari epici permettono inoltre confronti innovativi con certe scene da colossal dei dipinti dell'anglosassone Thomas Cole, padre della scuola dei pittori di Hudson River. L'esperienza grafica e artistica di Luigi è così varia perché s'intreccia in più luoghi e con artisti di varia nazionalità, specialmente di ambito anglosassone e mitteleuropeo e di cui nel suo stile egli riverberava inevitabilmente dei dettagli.

Il pregio di questi disegni sta quindi nel raccogliere *in nuce* il momento di maggior potenza artistica ed espressiva di Luigi Ademollo, maestro del racconto per immagini in cui, come esprime bene Pierre Francastel Luigi si fa artista dello «spazio-tempo piuttosto che del realismo della visione», con immagini «fra l'istantaneo e l'infinito». E la sua capacità d'invenzione dallo stile così eclettico «agisce come il lievito nella pasta. Le nuove strutture dell'immaginario utilizzano gli elementi messi in gioco dalle antiche».

E.R.

vigesima nona (twentieth and twenty-ninth) of his *Catalogo delle tavole* published in 1837

The pre-romantic immediacy of certain aspects of Ademollo's drawing and painting style made him close, even in his most mature phase, to the development, also international, of the painting of his time, especially between the first and the second decades of the 19th century.

The use of the white lead and the elegance of the drawing reflect the lunar aspect of the sublime and Ossianic fantasies of Füssli and the Rubens inspired vigour of Delacroix. The myth of Imperial Rome and its epic scenarios allow innovative comparison with certain colossal scene in the paintings of the Anglo-Saxon Thomas Cole, father of the school of Hudson River painters. The graphic and artistic experience of Luigi is so varied because it is mixed with more places and with artists of various nationalities, especially of the Anglo Saxon and Mid European environment and in his style he inevitably reflected some details.

The merit of these drawing is in the fact that they concisely collect the moment of greatest artistic and expressive power of Luigi Ademollo, master storyteller in images in which, as well said by Pierre Francastel, Luigi was an artist of space-time more than the realism of vision, with images between the immediate and the infinite. His capacity of invention from a style so eclectic works "like yeast in the dough. The new imaginary structures use elements put into play by the antiquities."

E.R.

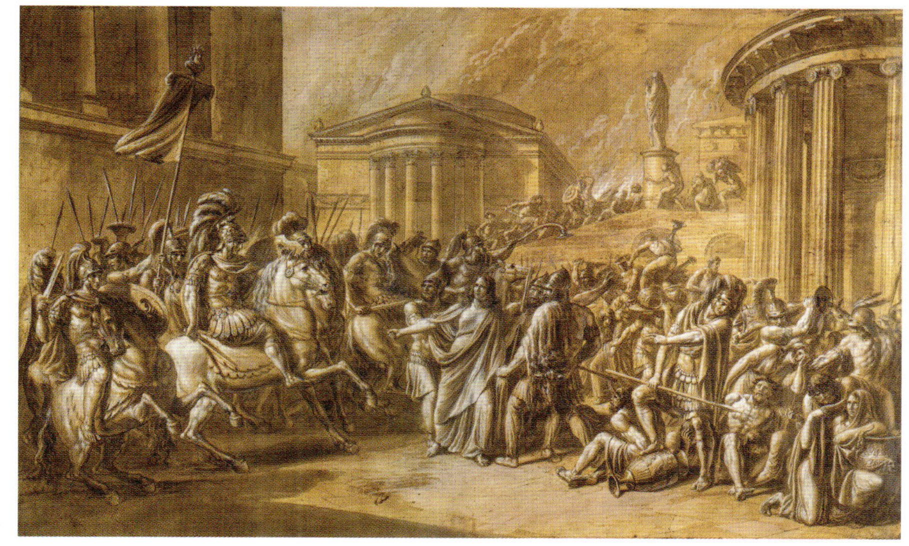

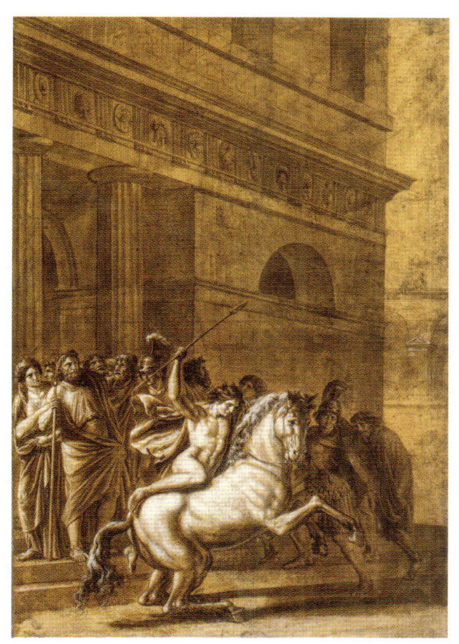

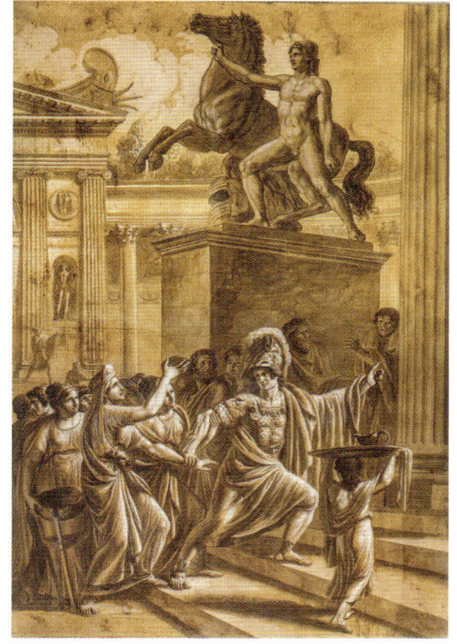

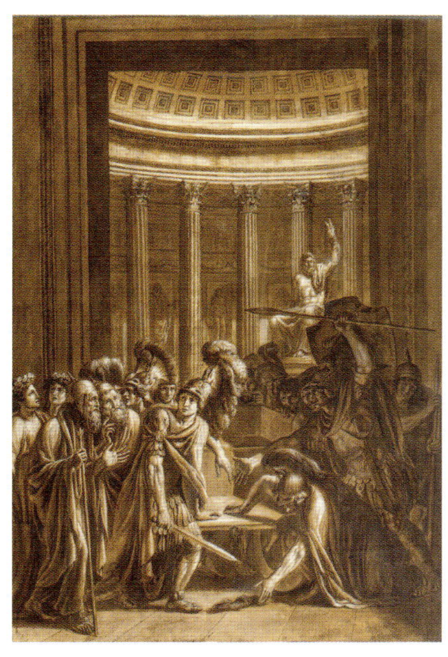

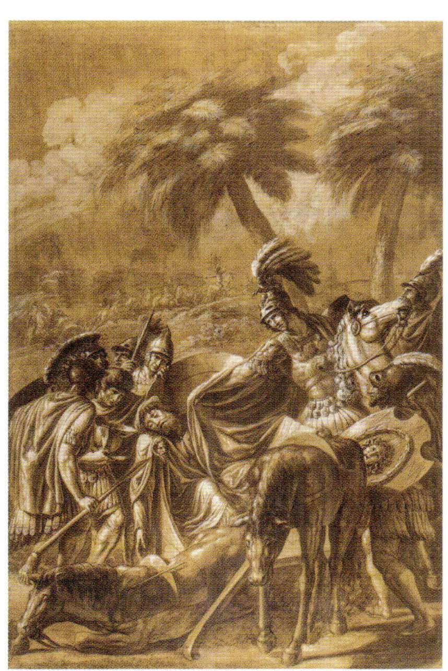

La matrona tebana Timoclea prigioniera davanti Alessandro Magno
Timocleia from Thebes taken in front of Alexander the Great
654 × 995 mm / 25.7 × 39.1 in

Iscrizioni: cartiglio originale posto in basso a sinistra a tergo della tela con scritta autografa dell'artista "Timoclea matrona tebana nella presa di Tebe uccise in un pozzo un capitano dei Traci i cui compagni strascinatalla davanti ad Alessandro per punirla egli ne ammira la virtù e di libertà e di donni l'onora".
Targhetta in carta con dicitura "Eredità Zanotti".
Al centro a tergo del telaio ligneo siglato a inchiostro con la scritta "B".

Unico fra i disegni della serie alessandrina con un impianto orizzontale e per questo, in linea con lo scenografico stile grafico dell'Ademollo, votato alla rappresentazione corale e narrativa, quasi filmica. Ciascun pezzo della serie, con tutta probabilità realizzata per presentare un unitario progetto decorativo, celebra momenti encomiastici, rituali e collettivi alternati a singole gesta evocative di Alessandro il Grande.

Il soggetto iconografico qui illustrato, e riferito al libro XII del testo plutarcheo delle *Βίοι Παράλληλοι* (le *Vite Parallele degli Uomini illustri*), narra della rovina di Tebe, insorta contro il regno macedone, e del perdono concesso da Alessandro alla tebana Timoclea oltraggiata dai Traci:

«Fra le tante sciagure e le violenze subite dai Tebani ce ne fu una particolarmente feroce. Alcuni Traci avevano fatto irruzione in casa di Timoclea, donna stimata e saggia. Mentre i soldati andavano arraffando i suoi beni, il comandante la violentò brutalmente, quindi le chiese dove avesse nascosto gli oggetti d'oro e d'argento. Lei lo condusse in giardino e gl'indicò un pozzo, in cui, diceva, durante l'occupazione della città aveva gettato tutto ciò che possedeva di più prezioso. Il capitano si curvò sull'imboccatura per esplorare il fondo al che la donna, che stava alle sue spalle, lo spinse giù, quindi gli gettò addosso parecchie pietre, uccidendolo. Incatenata, fu condotta al cospetto di Alessandro, e già dal suo sguardo e dal suo modo d'incedere si vedeva ch'era una donna di animo nobile e degna di rispetto, tale era la sicurezza e la calma con cui seguiva i suoi custodi. Alessandro le chiese chi fosse, e lei rispose ch'era sorella di Teagene, il capo della falange tebana che aveva combattuto contro Filippo per la libertà della Grecia, caduto eroicamente nella battaglia di Cheronea. Colpito dal

Inscriptions: original cartouche at the bottom left on the back of the canvas with the artist's handwriting
Paper label "Zanotti Inheritance".
At the central part of the back of the wooden frame signed in ink with the letter «B»

A unique drawing in the Alexandrian series with a horizontal composition and for this reason, matching with the scenographic graphic style of Ademollo, adopting a choral and narrative representation, almost film-like. Every piece of the series, very likely created to present a unified decorative project, celebrates praiseworthy, ritual and collective moments alternating single evocative deeds of Alexander the Great.

The iconographic subject here depicted, referred to the book 12 of Plutarch's *Lives of the Noble Greeks and Romans*, tells of the fall of Thebes, rising against the Macedonian kingdom, and of the pardon offered by Alexander to Timocleia, the Thebaian who was outraged by the Thracians.

According to the contemporary Alexander The Great historians Ptolemy I Soter and Aristobulus of Cassandreia, the captain of the Thracians should be identified with Alexander of Lyncestis who, as Ptolemy reminds us, was the brother of the two conspirators involved in the murder of King Philip, but because extraneous to the regicide pursued a military career in the ranks of Macedonia's army, becoming general of the Thessaly cavalry. Despite this, Ptolemy accused him to have been part of a conspiracy together with the Persian Sisine, friend of Alexander the Great, but who in reality was a spy for Darius. From Ptolemy's chronicle, then, the killing of this homonymous of the great Macedonian leader happened in Sistan, in Asia, to punish him for political betrayal. The vandal episode towards Timocleia comes, instead, from the version of Aristobulus, who, alleging the murder of the prince of Lyncestis, reminds us that he found his death in Thrace under the siege of Thebes killed by the woman.

With great iconographic precision Luigi Ademollo returns to our eyes the agitated vigour of this moment reported by the Greek historian Plutarch, arranging scenic and figurative contents and their placement in a work that,

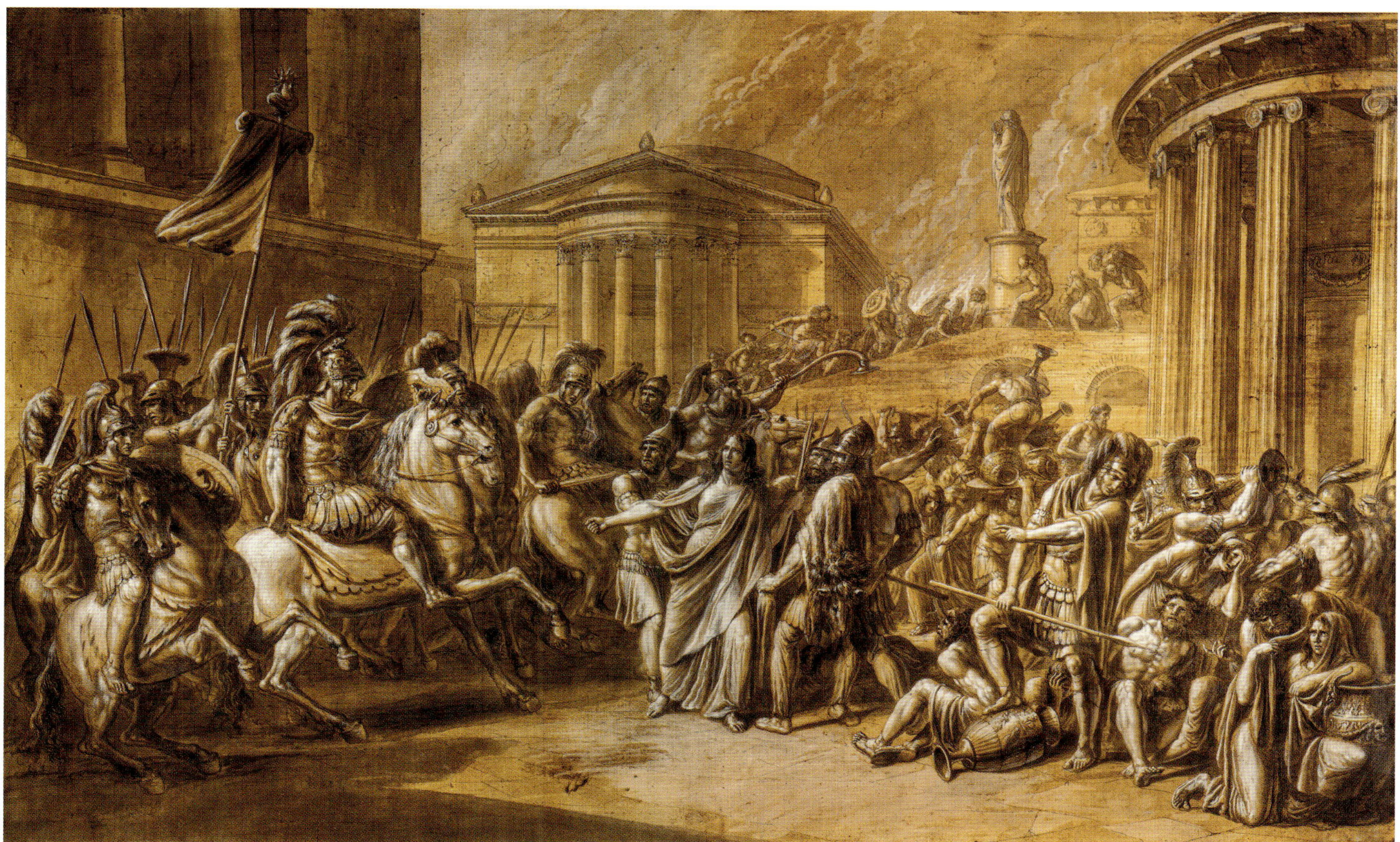

suo gesto e dalle sue parole, Alessandro la lasciò andare libera, insieme coi suoi figli ».

Secondo gli storiografi coevi ad Alessandro Magno, Tolomeo e Aristobulo, il comandante dei Traci va identificato con Alessandro di Lincestide che, ricorda Tolomeo, era fratello dei due cospiratori coinvolti nell'assassinio del re Filippo, ma che estraneo al regicidio aveva fatto carriera tra le fila dell'esercito macedone diventando generale della cavalleria tessala. Tuttavia, Tolomeo accusa tale Alessandro di aver cospirato con l'orientale Sisine, amico di Alessandro Magno, che era in realtà una spia per conto di Dario. Dalle cronache di Tolomeo, quindi, l'uccisione di questo omonimo del grande condottiero macedone avvenne nel Sistan, in Asia, per punirlo del tradimento politico. L'episodio vandalico verso Timoclea è invece frutto della versione di Aristobulo che, sostenendo l'uccisione del principe di Lincestide, ricorda che questi incontrò la sua fine in Tracia durante l'assedio di Tebe per mano della donna.

Con grande esattezza iconografica Luigi Ademollo restituisce al nostro occhio il vigore concitato di questo momento raccontato dallo storiografo greco Plutarco, orchestrando contenuti scenici e figurativi e la loro disposizione in un'opera che, seppur connotata dal "solo" mezzo grafico, è viva e parlante. Come già richiamato nell'introduzione sull'artista, fra le caratteristiche che richiamano il grande pregio e la qualità dell'Ademollo vi è il talento grafico: il

even if connoted "just" by graphic means, is alive and talkative. As reported in the introduction on the artist, among the characteristics recalling the prestige and quality of Ademollo is graphic talent: drawings, preparatory drawings, the *gouache* and temperas are often the antechamber for his numerous series made with acquatint in yellow-brown and pictorial etching.

The quality of this drawing is provided first by the very good state of conservation which, after cleaning, allows us to admire the various technical artistic steps.

The paper, as with the others of the same series, is pasted to a canvas support fixed to a wood framework, very likely original and made by the artist himself, who later applied on the back the label to recognise the several subjects. The paper is laid with ochre-brown watercolours where we can faintly see the preparatory sketch done with graphite and red chalk. Graphic details are more appreciable with a hand lens and mostly visible in the anatomical borders of the figures, in the banner in the left part of the drawing and in the graphic structure of the architectonic elements on the background, and we can still observe the red chalk traces outlining the lances. In particular, of note is the first lance over the top of the plumed helmet of the soldiers on the left, behind Alexander's shield.

Ademollo proceeds with the technical artistic style belonging the majority of his highest quality drawings: the

bozzetto, il disegno preparatorio, la *gouache* nonché le tempere spesso anche anticamera alle sue svariate serie condotte ad acquatinta con bistro e acquaforte pittorica.

La qualità del disegno in questione è data *in primis* dal notevole stato conservativo che, conseguentemente alla pulitura, ci permette di ammirarne i vari passaggi tecnico artistici.

Il foglio, così come gli altri della stessa serie, sono incollati al supporto di tela fissata ad un'intelaiatura lignea, con grande probabilità originale e realizzata dall'artista stesso, che ha poi applicato a tergo l'etichetta di riconoscimento dei vari soggetti. La carta è preparata con una acquerellatura ocra-marrone su cui s'intravede debolmente, ad occhio nudo, il bozzetto preparatorio condotto a grafite e sanguigna. Particolari grafici apprezzabili maggiormente con una lente d'ingrandimento e specialmente visibili nei contorni anatomici delle figure, del vessillo nella parte sinistra del disegno e nell'impianto grafico degli elementi architettonici sullo sfondo, così come ancora si osserva il tratto di sanguigna profilare le lance. In particolare, si noti la prima lancia che s'intravede al di sopra dell'elmo piumato del soldato di sinistra, retrostante lo scudo di Alessandro. L'Ademollo procede con la cifra tecnico artistica che compete la gran parte dei suoi disegni qualitativamente più alti: il bozzetto è rifinito con estrema nitidezza ed eleganza effettuando un ripasso a inchiostro bruno e con successive velature ad acquerello marrone per creare gli effetti d'ombra e profondità tramite i giochi chiaroscurali. L'ultima fase prevista dall'artista è stata quella di impreziosire il disegno aumentandone l'effetto luministico con rialzi a biacca, più o meno marcati. Grande meticolosità è posta in quest'ultima fase decorativa, quasi una perizia capace di ricordare la medievale *enluminure*, giocata sui dettagli più delicati delle figure. L'intera composizione assume un aspetto fortemente plastico grazie al "ricamo bianco" dei panneggi, delle chiome, delle nervature dei muscoli sui corpi dei soldati e delle armature, fin sui groppi muscolari dei cavalli, i loro finimenti e bardature. La stessa cura Ademollo la riserva a delineare i rilievi aggettanti sul corpo dei vasi e del braciere su cui è riversa la donna velata all'estrema destra. Ricordiamo come l'uso del bianco di piombo sia per il Nostro frequentemente adoperato anche nel campo della pittura murale e della tecnica della *grisaille* per comporre finti fregi o statue. Parimenti, gli effetti plastici e tridimensionali che ritroviamo nella raffinatezza della sua grafica accentuano il dinamismo, gli effetti anatomici ed espressivi in dettagli di sapore Sublime come le sopracciglia aggrottate, gli sguardi disperanti, i fumi ed i vapori del fuoco che si perdono fra le figurette dei tebani sullo sfondo. L'impiego di queste soluzioni estetiche richiama almeno un paio di altri suoi lavori: la *Sepoltura rituale antica in un mausoleo* disegno a inchiostro bruno e rialzi a biacca databile fra il 1799 ed il 1800 (Rijksmuseum Fonds, RP-T-2007-61; RM0001.COLLECT.45807) e la serie dei cartoni dipinti a

draft is finished with extreme clarity and elegance and passed over again with brown ink and with later hints in brown watercolour to create effects of shadows and deepness through chiaroscuro games.

The last phase planned by the artist was the one to make the drawing more precious, augmenting the luminous effect with more or less marked white lead highlights. Very meticulous is this last decorative phase, with a craftsmanship almost able to remind us of the medieval enlumiure, played on the most delicate details of the figure. The entire composition assumes a deeply sculptural aspect thanks to the "white embroidery" of the drapery, of the hair, of the veining of the muscle on the body of the soldiers and of the armour, even of the muscles of the horses, their harnesses and accoutrements. The same care is taken by Ademollo in outlining the projecting relief on the bodies of the vases and of the brazier on which leans the veiled woman at the extreme right. We should remember how white lead was frequently used by our artist also in wall painting and in the *grisaille* technique to create false friezes or sculptures. In the same way, the sculptural and tridimensional effects we find in the delicacy of his drawing highlight the dynamism, the anatomical and expressive effects in details with a Sublime taste like the frowning eyebrows, the desperate gazes, the smoke and steam of the fire getting lost among the figures of the Thebaians in the background. The use of these aesthetic solutions recalls at least several of his other works: *The ritual antique burial in a mausoleum* which is a brown ink with white lead relief dated between 1799 and 1800 (Rijksmuseum Fonds, RP-T-2007-61; RM0001.COLLECT.45807) and the series of painted images with scenes taken from the Old and New Testament for the decorative project of the aisles of the Cathedral of Florence documented from 1824 (Baroni Collection, Milan).

The drawing here exhibited is structured from left to right, showing to the audience the scene from a frontal point of view, later moving to a second level whose depth is provided by the perspective wedge of the buildings. Ademollo, in full adhesion to the neoclassic grammar, orients the scene in a paratactic sense. The soldiers and the army of Alexander arrive in Thebes to meet Timocleia, set at the centre of the scene and hostage of the Thracians, while behind their backs the massacre of the town continues. Ademollo imbues the scene with pathos using a dialogue of gazes between the woman and Alexander, involving two soldiers looking at the virtuous woman from Thebes as well. An expert game of visual cross reference reinforcing the convergence of our visual axis towards the central focus of the image: Timocleia.

We also find at this point the interesting figure of a bearded man with a small helmet, the only embellishment of the drawing, turning the look at the observer, whom

tempera con scene delle Sacre Scritture, Antico e Nuovo Testamento per il progetto decorativo delle navate laterali della Cattedrale fiorentina di Santa Maria del Fiore attestati al 1824 (collezione Baroni, Milano).

Il disegno qui esposto si svolge con un impianto che muove da sinistra verso destra, presentando al riguardante la scena da un punto di vista frontale e piano, per poi scalare ad un secondo piano la cui profondità è data dal cuneo prospettico degli edifici. Ademollo, in piena adesione alla grammatica neoclassica, orienta in senso paratattico la scena. I soldati e l'esercito di Alessandro arrivano a Tebe per incontrare Timoclea, posta al centro ed ostaggio nelle mani dei soldati Traci, mentre alle loro spalle continua a compiersi lo scempio della città. Ademollo calca di pathos la scena con un dialogo di sguardi fra la donna e Alessandro, in cui sono coinvolti anche i due soldati rivolti pure verso la virtuosa tebana. Un sapiente gioco di rimandi visivi che rinforza la convergenza del nostro asse visivo verso il fuoco centrale dell'immagine: Timoclea.

Troviamo per altro in questo punto l'interessante figura dell'uomo barbuto con un piccolo elmo, ed unica parerga del disegno, che rivolge lo sguardo all'osservatore e potrebbe ipotizzarsi come l'autoritratto dell'artista. Di pregio e particolare ricchezza è l'espressività ed il dinamismo che Luigi riserva alle teste caratterizzate da scorci, ombre e tagli caricaturali o drammatici, con un sapiente uso del contrasto chiaroscurale: tagli di luce ed ombra energizzati dai tocchi della biacca. Sguardi intensi, penetranti ed umbratili con una chiave iconografico-espressiva da ricercarsi nei pensieri su carta ideati per gli epici affreschi senesi dei Venturi Gallerani, dei Sergardi e di Bianchi Bandinelli in cui, proprio nel corso degli anni Novanta, Ademollo si attesta come raffinato innovatore neoclassico della pittura tardo settecentesca in Toscana. La stessa vena neostoica che tanto lo caratterizzerà nei disegni per la *Divina Commedia*, composti fra il 1817 ed il 1819, dagli esiti grafici altrettanto potenti e simili alla qualità di questa serie.

Emerge qui nel giovane Luigi una ricerca di fantasia e estro creativo che cercava di congiungere le sue fresche esperienze e suggestioni archeologizzanti romane, il suo già vivido interesse filologico alla Roma antica e dall'aspetto lunare che era noto ad Ademollo attraverso *Le notti romane al sepolcro degli Scipioni* di Alessandro Verri, edito nel 1792 e 1804 dall'autore. Ed in definitiva l'estetica per le potenti masse scenografiche legate ai suoi trascorsi scenotecnici con Rodriguez ed esercitati nel campionario di incisioni e pitture a partire dalla serie degli *Spettacoli dell'Antica Roma*.

Il tempio centrale sullo sfondo la cui struttura è un richiamo abbastanza esplicito al Pantheon, così come il tempio periptero circolare che incornicia il lato destro e che cita i modelli del tempio di Vesta di Tivoli e di Ercole Vincitore a Roma. Modelli con cui è possibile un confronto nel disegno con il *Trionfo di Bacco e Arianna e corteo con*

we might hypothesize is the artist's self-portrait. Of prestige and of peculiar richness is the expressiveness and the dynamism that Luigi gives to the heads characterized by views, shadows and caricature or dramatic cuts, with an expert use of the contrast of the chiaroscuro: cuts of light and shadow energised by the touch of the white lead. Intense gazes, penetrating and shadowy with an iconographic-expressive tone to be found in the thought on paper invented for the epic frescos in Siena of the Venturi Gallerani, of the Sergardi, of the Bianchi Bandinelli where, during the 1790s, Ademollo was recorded as a refined neoclassic innovator of late 18th century Tuscan painting. The same new Stoic vein that much characterized him in the drawings for the *Divine Comedy*, made between the 1817 and the 1819, with graphic results similar in both power and quality to this series.

Here in the young Luigi there emerges a research of fantasy and creative flair which he tried to join with his brand new Roman experiences and archaeological suggestions, his already vivid philological interest for antique Rome and the lunar aspect that he knew thanks to the *Roman nights at the Scipionic circle sepulchre* by Alessandro Verri, edited in 1792 and 1804 by the author. And, definitely, the aesthetic for the powerful scenographic bulk tied to his scenario-technique background with Rodriguez and exercised on the sample case of etchings and paintings starting from the series of the *Antique Rome shows*.

The central temple in the background whose structure is a quite explicit reference to the Pantheon, so as the circular peripheral temple framing the right side and quoting the models of the Vesta temple in Tivoli and of the Winner Hercules in Rome. Models with which is possible to compare the drawings with the *Triumph of Bacchus and Ariadne* and *Parade with drunk Silenus* (Biblioteca Comunale degli Intronati di Siena (BCIS, Drawing folder by Agostino Fantastici, Scipione Borghesi and Sergardi Biringucci Legacy, n. 37r).

The style of the drawing makes noble references but is also pictorial and inspired by Ossian, as in the figure of the soldier who, dragging a woman, turns back with a grotesque and surly look, carrying on the shield, above his head, some vases. The same psychological intensity interests the figure at the feet of the soldier with a cloak and holding a spear: of the man, portrayed accentuating the folding in on himself, we see a face peculiarly shaded, bearded and with dark eyes accentuating a cruel gaze. Also, particularly in the women, starting from the sensibility with which the graphic trace outlines Timocleia, is underscored the pathos dimension, for example in the female figure with her head in her hands, at the bottom right. Figures frequently proposed in the figurative language of Luigi, and of which we find examples and sharp

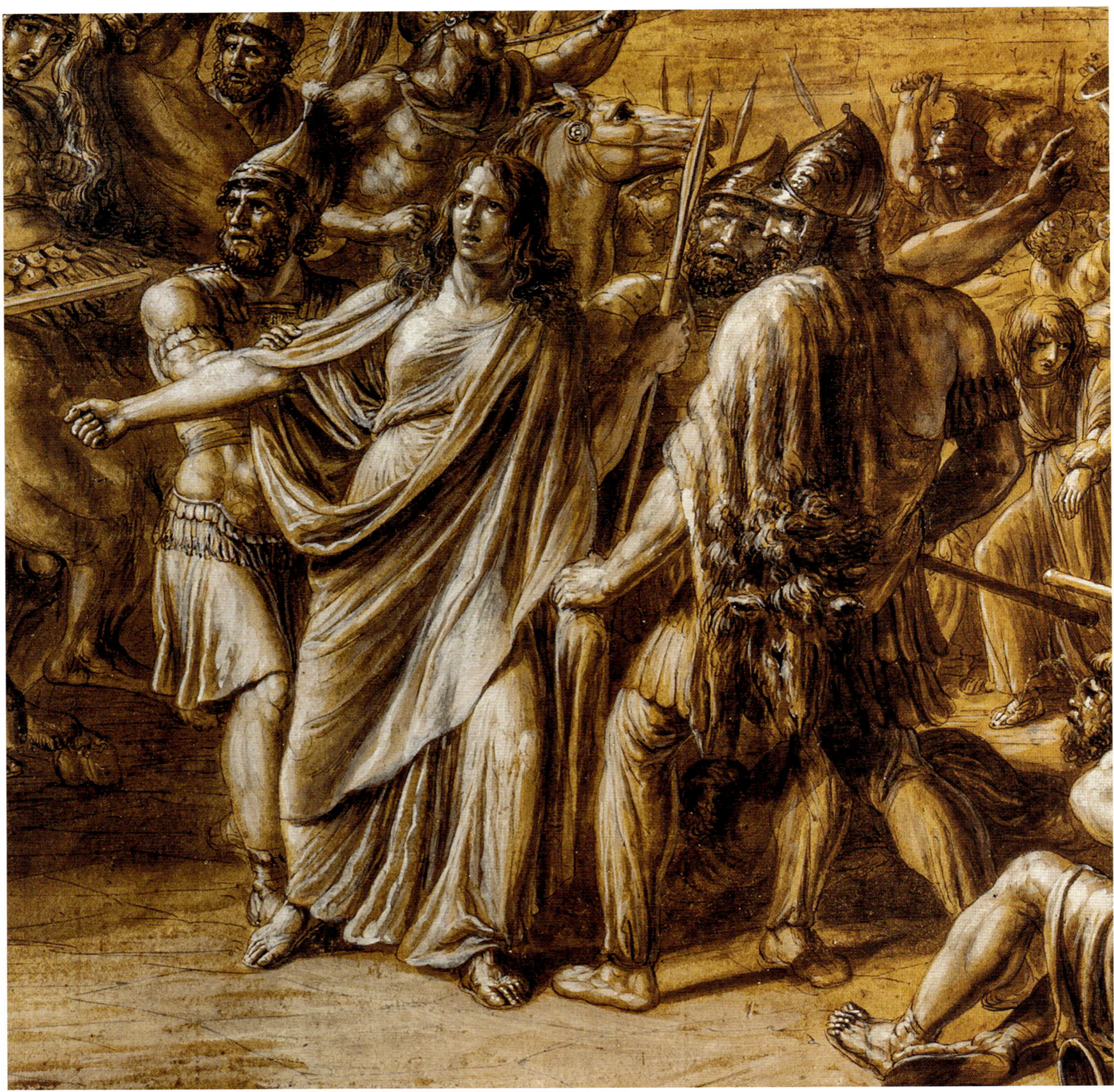

Sileno ebbro (Biblioteca Comunale degli Intronati di Siena (BCIS), Cartella disegni di Agostino Fantastici, Lascito Scipione Borghesi e Sergardi Biringucci, n. 37r.).

Lo stile del disegno consta quindi sì di richiami aulici ma si fa anche pittorico e ossianico, come nella figura del soldato che, trascinando con un braccio una donna, rivolge indietro lo sguardo grottesco e torvo portando sullo scudo, al di sopra della testa, dei vasi. La stessa intensità psicologica interessa la figura ai piedi del soldato con il mantello e la lancia impugnata: dell'uomo, raffigurato ripiegato su se stes-

affinities also with the entire structure of the scene, in the *Rape of the Sabine* painting in Palazzo Sergardi in Siena between the 1794 and the 1795. A work where the classic magnificence and the Dionysian swarm of the scene find an equilibrium and where the paratactic accuracy of neo-classical print and the pre-romantic impetus find a balance. The destination of the drawing is uncertain, as is the case for the entire series; we can consider that they arrived in the present day united because they were most likely a singular project, of which documentary traces clearly

so, vediamo un volto particolarmente ombreggiato, barbuto e gli occhi scuri che ne accentuano lo sguardo truce. Anche e soprattutto nelle donne, a partire dalla sensibilità con cui il tratto grafico delinea Timoclea, è sottolineata poi la dimensione di *pathos*, ad esempio nella figura muliebre con la testa china fra le mani, in basso a destra. Figure spesso riproposte nel linguaggio figurativo di Luigi e di cui troviamo esempi e nette somiglianze, anche con l'intero impianto, nel *Ratto delle Sabine* dipinto a palazzo Sergardi in Siena fra il 1794 ed il 1795. Un'opera in cui si equilibrano la maestosità classica e il brulicare dionisiaco della scena e si bilanciano il rigore paratattico di stampo neoclassico e l'impeto preromantico. La destinazione del disegno è incerta così come l'intera serie, da considerarsi giunta unita fino ad oggi proprio perché verosimilmente un progetto unitario, di cui non sussistono tracce documentarie che identifichino con chiarezza quando sia stata elaborata ed il suo scopo. Oltre alla già richiamata familiarità con il tema plutarcheo e nello specifico con quello alessandrino, l'Ademollo ripete il soggetto tebano di Timoclea in altre due occasioni che, seppure posteriori a questo disegno, ne evidenziano l'interesse dell'artista. Il primo esempio è uno dei quattro bozzetti grafici a grisaglia con l'episodio di *Timoclea tebana* riferito alla decorazione della Regia Accademia dei Floridi annessa al Teatro Carlo Lodovico (poi San Marco) di Livorno. Purtroppo entrambi gli ambienti, distrutti dai bombardamenti alleati del 1943, non esistono più e non possiamo avere riscontri delle scene dipinte dall'Ademollo nel 1805 circa. Il bozzetto è infatti rintracciabile dalla sola pubblicazione su un articolo del 1928 e di cui non compaiono le fonti iconografiche; viene però contestualizzato, come gli altri soggetti, come parte del programma iconografico della sala degli accademici. Il disegno è di forma circolare ed illustra la scena di incontro fra Alessandro a cavallo e Timoclea con un tratto fortemente compendiario eppure evocativo della scelta figurativa eseguita nel disegno qui analizzato.

Una seconda riproposizione di questo soggetto proviene dal *Catalogo delle tavole sacre, profane, storiche, e poetiche inventate, e pittoricamente incise ad acqua forte dal celebre pittore Luigi Ademollo* edito dall'artista a proprie spese nel 1837. Dallo schema delle tavole capiamo che la III tavola della collezione Vigesima Nona, con *Alcuni fatti storici desunti da Plutarco*, ha il seguente soggetto come riquadro principale della stampa: *Alessandro, presa Tebe dona libertà a Timoclea, ed ai suoi Parenti*. Scena che, seppur basandoci sulla sola descrizione e senza conoscere esemplari incisi, dimostra coerenza con l'episodio illustrato nel disegno qui esposto.

E.R.

identifying when it was done or its purpose no longer exist. Together with the aforementioned familiarity with the Plutarch theme and specifically with the Alexandrian one, Ademollo repeated the *Timocleia of Thebes* subject in other two occasions, even if after this drawing, highlighting the interest of the artist in this scene. The first exemplar is one of the four *grisaille* graphic drafts referred to the decoration of the Royal Academy of the Floridi annex of the Carlo Lodovico (later Saint Mark) Theatre in Leghorn. Unfortunately both of the halls, destroyed by allied bombs in 1943, no longer exist, and we cannot make any comparison with the scene painted by Ademollo around the 1805. The draft can be traced only in an article from 1928 where there are no iconographic sources; it is contextualized, however, as with the other pieces, as part of the iconographic program of the academy hall. The drawing is circular and illustrates the scene of the meeting between Alexander on his horse and Timocleia with a strongly concise trait even if evocative of the figurative choice made in the drawing here studied.

A second proposition of this subject comes from the Catalogue of the etchings of the artist edited by himself in 1837. From the diagram of the etchings we get that the third of the collection Vigesima Nona (29th), with *Some Historical Deeds taken from Plutarch*, has the following subject as the main scene of the print: *Alexander after conquering Thebes gave freedom to Timocleia and her relatives*. Scene that, even based only on the description without seeing any engraved exemplar, shows coherence with the episode of this drawing.

E.R.

Alessandro doma il cavallo Bucefalo

Alexander tames the horse Bucephalus

853 × 599 mm / 33.5×23.5 in

Iscrizioni: cartiglio originale posto al centro a tergo della tela con scritta autografa dell'artista " I° Alessandro doma il Cavallo Bucefalo".
Targhetta in carta con dicitura "Eredità Zanotti".
In alto sinistra a tergo del telaio ligneo siglato "B B".

Fra i disegni della serie quello qui esaminato è il più epico e grandioso: il corpo a corpo di Alessandro intento a domare il proprio futuro destriero, indomito e coraggioso e quasi un attributo vivente del grande condottiero. Episodio che attesta nell'eroe ellenistico quel cameo di valori (ἀρετή) descritti da Plutarco e ricevuti dal precettore Aristotele: la magnanimità (μεγαλοψυχία) nella decisione difficile di affrontare Bucefalo, l'intelligenza (σύνεσις) e la moderazione (σωφροσύνη) nel capirne la natura spaventata ed infine la grande qualità iconica di Alessandro cioè il coraggio (ἀηνδραγαθία).

La fonte orale della storia proviene dal maestro di cerimonie di Alessandro, Demarato di Corinto, il quale comprò il prezioso animale dall'allevatore in Tessaglia per farne dono a Filippo. Alessandro trascorse la sua prima infanzia a Pella, descritta da Euripide come terra ricca di cavalli, e la biografia del macedone ne tratteggia fra gli usi e i costumi l'amore per la musica, la danza e proprio i cavalli. Non sorprende che Ademollo, nutrito da un vasto interesse per la storia antica, avesse una predilezione per la figura alessandrina le cui caratteristiche umane e eroiche dovevano in certa misura corrispondergli ed essere un'icona storica e paradigma cui ispirarsi nei suoi lavori artistici. La resa grafica scelta dall'Ademollo si appoggia ancora una volta in modo alquanto filologico al racconto plutarcheo:

«Allorchè Filonico di Tessaglia condusse a Filippo Bucefala e glielo offrì in vendita al prezzo di tredici talenti, per provare il cavallo scesero in una pianura. Il cavallo si dimostrò feroce e assolutamente intrattabile: non lasciava che nessuno si avvicinasse e gli montasse in groppa [...]. Filippo, seccato, diede ordine di portarlo via [...] ma Alessandro, che era presente alla scena disse: "A quale cavallo rinunciano per non essere capaci di adoprarlo a causa della loro inesperienza e debolezza". Filippo la prima volta tacque; ma siccome Alessandro continuava a ripetere a mezza voce la frase e dava segni di rammarico, gli disse: "Rimproveri coloro che hanno

Inscriptions: original cartouche on the centre of the back of the canvas with the artist's handwriting.
Paper label on the top "Zanotti Inheritance".
On the top left at the back of the frame signed"B B".

Among the drawings of the series the one examined here is the most epic and glorious: the hands-on scene of Alexander taming his future horse, fearless and brave and almost a living attribute of the great leader. Episode attesting to the Hellenistic hero the gem of values described by Plutarch and received by the tutor Aristotle: magnanimity in the hard decision of facing Bucephalus, intelligence and the moderation in understanding its scared nature and in the end the great iconic quality of Alexander which is courage.

The oral source of the story comes from the master of ceremonies of Alexander, Demarato of Corinth, who bought the precious animal from a breeder in Thessaly to donated it to Philip. Alexander spent his childhood in Pella, described by Euripides as a land full of horses, and the biography of the Macedonian describes among his habits and customs a love for music, dance and, in fact, horses. It is not surprising that Ademollo, fed by a great interest for antique history, privileged Alexander, whose human and heroic characteristics would have somehow corresponded to him as an historical icon and a model to inspire his artistic works. The graphic rendering chosen by Ademollo depends again quite philologically on the Plutarch tale.

The great iconic value of this iconographic subject is such that the representation of the predestination to great feats and without a doubt a celebratory and noble theme we can imagine destined for a cherished and important buyer.

Regarding the technique of the drawing we find the same component process of the other pages, with the paper laid with brown watercolours and appreciable graphite and red chalk traits under the colouring. Traces of the preparatory drawing are, for example, visible on Bucephalus' hooves, on the heads and on other areas of the background architecture. The drawing was then entirely marked over with brown ink with white lead relief and in the end brown

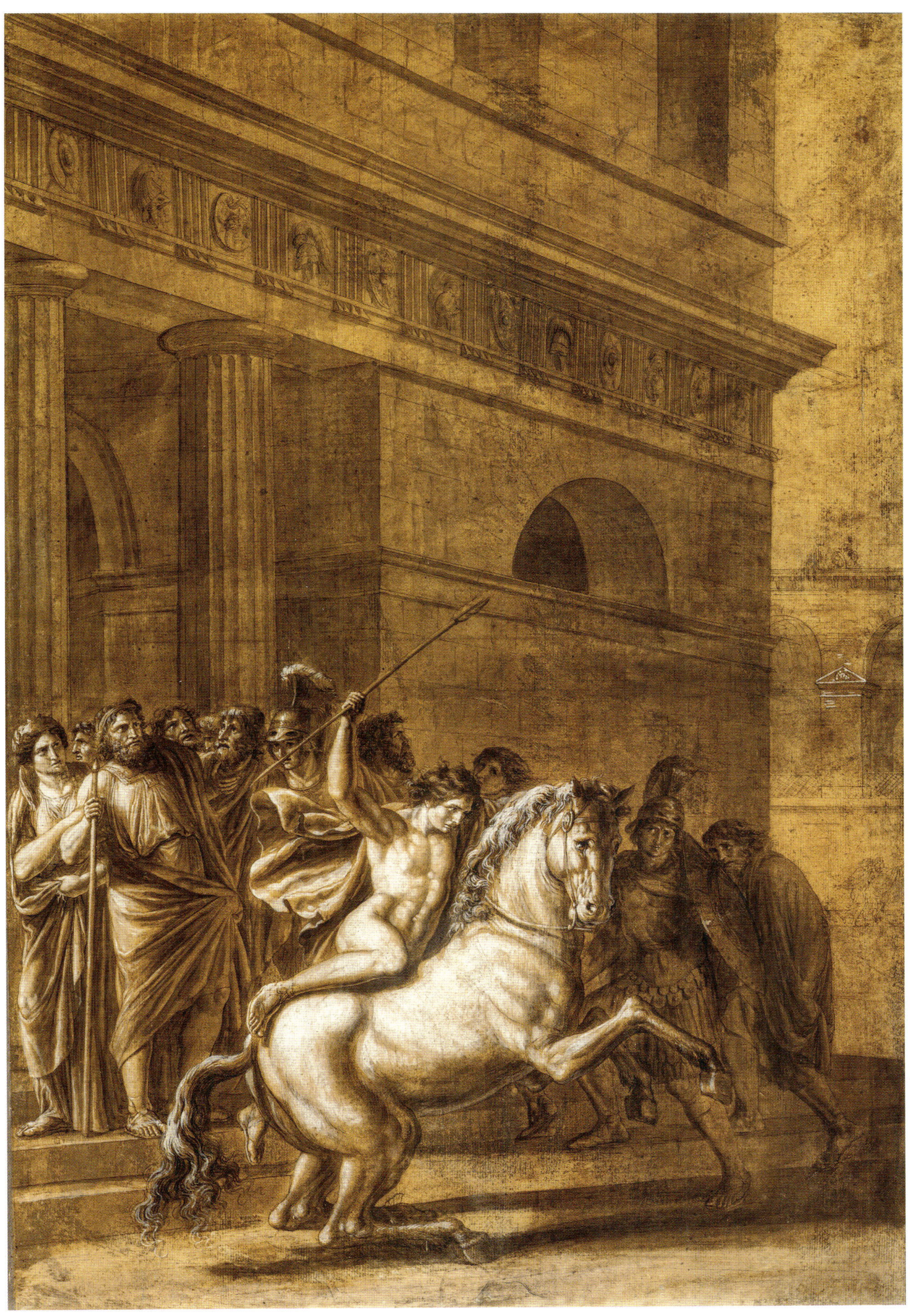

un'età maggiore della tua come se ne sapessi di più o fossi capace di maneggiare un cavallo meglio di loro". [...]

Alessandro si lanciò di corsa verso il cavallo, afferrò la briglia e lo fece girare verso il sole, poiché, pare, aveva osservato come la bestia si turbasse al vedere la propria ombra che si proiettava e ballava davanti ai suoi piedi. Trotterellò così per un po' di tempo a fianco della bestia e l'accarezzò; come la vide sbuffare, gonfia di furore, lasciò cadere pian piano il mantello dalle spalle e, sollevandosi in aria con un salto, si pose sicuramente in groppa. Per un poco la padroneggiò stringendo il morso con le redini [...] quando avvertì che non aveva più paura e anelava a lanciarsi di carriera, la lasciò libera, incitandola finalmente con voce più aspra e urtandola coi piedi. Sulle prime Filippo e coloro che erano intorno a lui, tacquero in preda all'angoscia [...] e quando scese a terra lo baciò sulla testa, dicendo "Figlio mio, cercati un reame degno di te: la Macedonia non basta per contenerti"».

Il grande valore iconico di questo soggetto è dunque la rappresentazione della predestinazione ad alte imprese e senz'altro una tematica dal valore celebrativo e nobilitante che possiamo immaginare fosse destinata ad una ricercata e importante committenza.

Quanto alla tecnica del disegno ritroviamo lo stesso iter compositivo degli altri fogli, con il supporto cartaceo preparato con acquerellatura bruna e apprezzabili segni di grafite e sanguigna sottostanti alla coloritura. Tracce del disegno preparatorio sono ad esempio visibili sulle zampe di Bucefalo, sulle teste ed su altre aree dell'architettura retrostante. Il disegno è poi stato interamente ripassato a inchiostro bruno con rialzi a biacca e infine acquerello marrone e circoscritto dalla listatura grigio-azzurra a mo' di riquadro.

Da notare, anche in questo caso, la sapienza tecnica con cui l'Ademollo dosa con maggior o minore densità la biacca, ad esempio il volto di Alessandro, molto più pastoso e luminoso, così come parte del muso e della criniera di Bucefalo e pure i piumaggi dell'elmo del soldato sullo sfondo ed altri volti carichi di espressività sulla sinistra. Ademollo struttura il disegno con un'assialità verticale creando un dualismo fra l'imponenza della massa architettonica che riempie la porzione superiore del foglio, e la struttura narrativa e figurativa del soggetto che mette in primo piano. Da scenografo non rinuncia quindi alla caratterizzazione di una quinta "teatrale" e di un'ambientazione, diremmo quasi un "set" in cui articolare la storia. La cifra stilistica dell'Ademollo, va detto, ne fa sì un esponente del Neoclassicismo ma come interprete originalissimo di una strada iconografica che, specialmente nei suoi anni giovanili, unisce certi vezzi dinamici della pittura tardo *Rocaille*, assimilata fin da studente all'Accademia di Brera, ad una precoce apertura al *pathos* drammaturgico del romanticismo europeo. Un'ulteriore spia dell'adesione di Luigi all'estetica del Sublime e dello *sturm und drang* si ricava dalla scelta del

watercolours, and it was circumscribed by grey-light blue edges as a frame.

To notice, even in this case, the wise technique with which Ademollo doses with minor or major intensity the white lead, for example Alexander's face, much more pasty and bright, as much as part of Bucephalus' snout and mane and the feather on the helmet of the soldier in the background and other faces full of expressiveness on the left.

Ademollo structures the drawing with a vertical axiality creating a dualism between the impressiveness of the architectonic mass to fill the superior part of the sheet, and the narrative and figurative structure of the subject that he puts in the front row. As a scenographer he does not renounce the characterization of a "theatrical" backstage and to an atmosphere, we could say almost a set, to articulate the story. The style of Ademollo, it must be said, make him an exponent of Neoclassicism but a very original interpreter of an iconographic path that, especially in his youth, joined certain dynamic mannerisms of the last *Rocaille* painting, assimilated since he was a student in Brera Academy, to a precocious opening to the dramaturgic pathos of European Romanticism.

Another sign of Luigi's adhesion to the Sublime and *sturm und drang* aesthetic can be perceived in the choice of the moment of transfiguration from *statis* to *climax* of the action where Alexander jumps on the back of Bucephalus.

In the frozen jump of the Macedonian, a moment before happening, we find the same tense expedient used by Canova in his sculpted groups where the heroes, thinking about *Theseus winning over the Minotaur* or a more mature work like *Hercules and Lyka*, are caught in the instant immediately before or after the main moment of action.

We can therefore subtly identify in Ademollo a mixture between the neoclassic language of Canova, blocking the action right before or right after, and the intentionality of passing over this to let us see the expressive power of the narrative focal point. The only detail that Ademollo does not follow philologically is the white colour of Alexander's horse, which is known in biographical chronicles to be black. In the illustration of the scene he does not forget either the important shadow which frightens Bucephalus or two embellishment accessories, reproduced in the man with the helmet in the shadow behind Alexander's cloak and the woman behind his shoulders.

As the anecdote tells, Luigi drew faces which are scared, admiring or attentive to young man's endeavour among which, at his shoulder, are a man and woman who are probably his parents Olympia and Philip. In this way he also he added two very ancient figurative attributions of Alexander the Great: the *anastolé*, the raised forelock

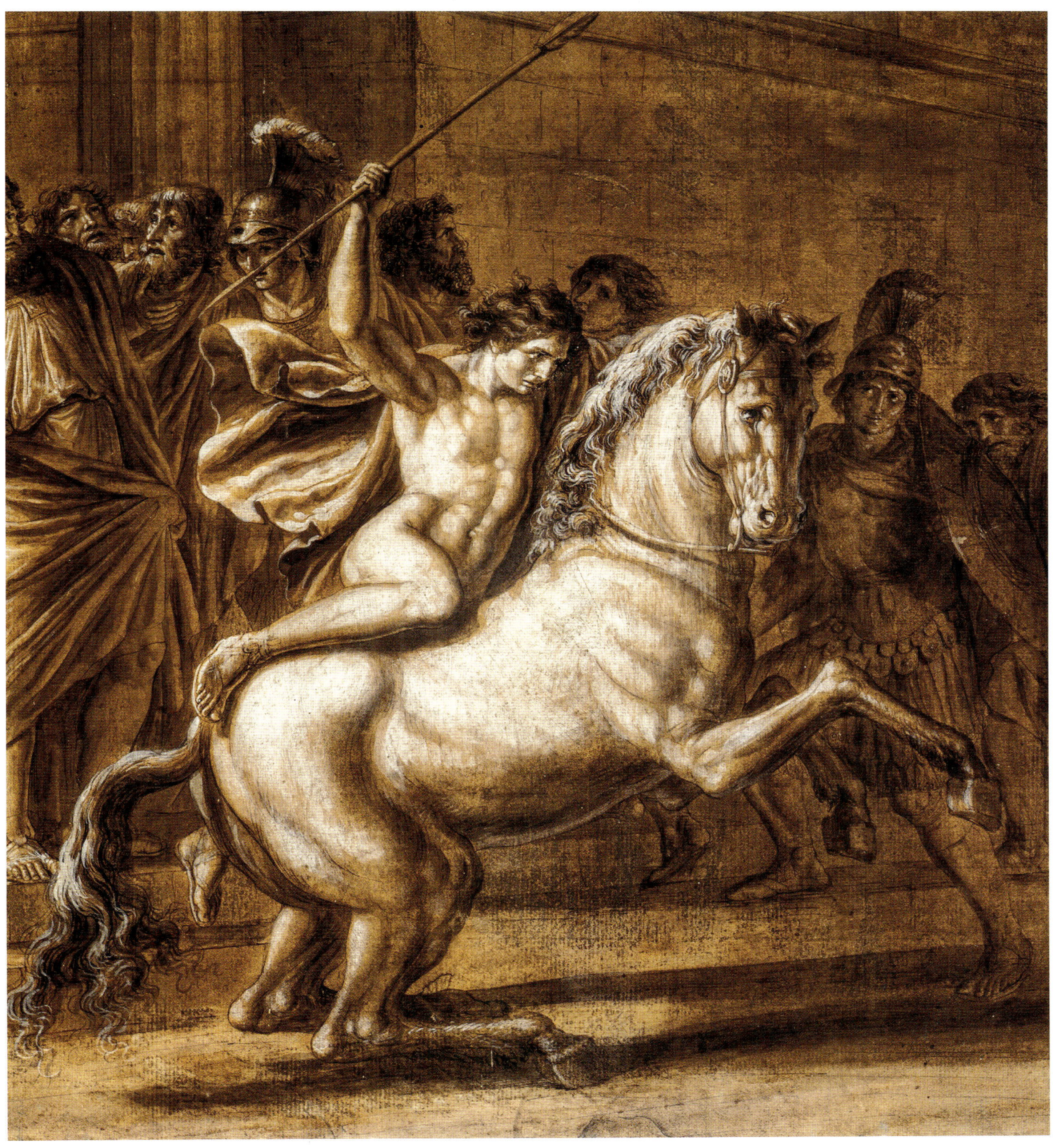

momento di trasfigurazione dalla stasi all'*acmé* dell'azione in cui Alessandro salta in groppa a Bucefalo. Nel salto congelato del macedone, un' istante prima di compiersi, troviamo lo stesso espediente tensivo messo in atto da Canova nei suoi gruppi scultorei in cui gli eroi, si pensi a *Teseo vittorioso sul Minotauro* o un'opera più matura come *Ercole e*

on his forehead, and the spear. An iconographic legacy coming from the fortune of the image of Alexander after his death in Greece and in Magna Graecia and in a special way comes from Lysippos's models where the hero with the lance on his shoulder reminds one of the *Doryphorus* by Polykleitos read as Achilles creating the iconographic

Lica, sono colti nei momenti immediatamente precedenti o successivi al punto più alto dell'azione. Potremmo quindi sottilmente individuare in Ademollo quasi una commistione fra il linguaggio neoclassico canoviano, che blocca l'azione o prima o dopo, e l'intenzionalità a superarlo per lasciar intravedere la potenza espressiva del culmine narrativo. Unico dettaglio che l'Ademollo non segue filologicamente è il colore bianco del destriero di Alessandro che invece è noto dalle cronache biografiche fosse nero. Nell'illustrare la scena non tralascia invece l'importante ombra che spaventa Bucefalo, né due parerghe, riprodotte nell'uomo con l'elmo in ombra dietro il mantello di Alessandro e la donna alle sue spalle. Come racconta l'aneddoto, Luigi disegna volti impauriti, ammirati o attenti all'impresa del giovane fra cui, alle spalle, l'uomo e la donna sono probabilmente i genitori Olimpiade e Filippo. Così come inserisce due antichissimi attributi figurativi di Alessandro Magno: l'*anastolé*, il ciuffo rialzato sulla fronte, e la lancia. Un'eredità iconografica che proviene dalla fortuna dell'immagine di Alessandro già *post mortem* in Grecia e in Magna Grecia e che in special modo prende le mosse dal modello di Lisippo in cui l'eroe con la lancia a spalla tiene conto del Doriforo di Policleto letto come Achille dando adito alla crasi iconologica dell'eroe Achille-Alessandro munito di lancia. La figura equestre con la lancia è lo schema portante nella raffigurazione occidentale regale ed imperiale, adottata dagli Imperatori romani, si ingloba nella simbologia religiosa ed agiografica come nel San Giorgio ed è perpetrata a seguire in età Moderna. Per Ademollo, in piena compagine neoclassica, dunque, adottarne la stessa simbologia era un'ovvia conseguenza dello studio dell'Antico, sia condotto dal vero nella Capitale, che sulla manualistica ed i repertori, nonché conoscendo le rappresentazioni dell'antico dei moderni.

Il movimento di Alessandro, del cavallo e della lancia converge verso il punto di fuga creato assieme al taglio diagonale della trabeazione del tempio che si erge lateralmente a sinistra. Espediente scenografico da ricondurre al suo noto apprendistato teatrale negli anni Ottanta del Settecento al seguito di Rodriguez e dei fratelli Galliari. Uno stile disegnativo che dai mezzi della "commedia dell'arte" conserva il ricordo in alcuni tratti compendiari come le figurette di genere trascorrenti come fantasmi lungo i fornici sullo sfondo e che richiamano esiti della cultura padana tardo sei e settecentesca già visti in Alessandro Magnasco e Vincenzo Bonomini. L'uso delle panoplie che decorano le metope sulla trabeazione del tempio è frutto della conoscenza dell'Antico di cui notevoli esempi si rintracciano nelle acqueforti di Ademollo delle serie degli *Spettacoli dell'Antica Roma* e nelle pitture di Palazzo Ducale a Lucca, Venturi Gallerani e Sergardi a Siena, o nel palazzo dei Duchi di San Clemente a Firenze. L'epopea dell'azione e soprattutto la tipologia dell'eroe a cavallo è assai frequente nei disegni e nelle scene pittoriche del Nostro. Risultano maggiormente attinenti

mixture of the Achilles/Alexander hero holding the spear. The equestrian figure with the spear is a foundational image in western royal and imperial representations, adopted by the Roman emperors, which was encompassed within in the angiographic and religious symbolism as in Saint George and has been perpetuated in modern times. For Ademollo, in the full neoclassical system, it was an obvious consequence of the study of antiquity, either conducted in real life in the capital, or from manuals and repertoires, as well as knowing modern representations of antiquity.

The movement of Alexander, the horse, and the spear converges towards the vanishing point created together with the diagonal cut of the entablature of the temple standing on the left. This is a scenographic expedient which can be traced back to his famous theatre apprenticeship during the 1780s under Rodriguez and the Galliari brothers. A drawing style which draws from the "Commedia dell'arte" preserves its memory in some summary traces like the small slap-stick type figures as ghosts along the archways in the background which cite the results of Po Valley Culture of the late 17th-18th century already found in Alessandro Magnasco and Vincenzo Bonomini. The use of the panoply decorating the metopes on the entablature of the temple is the result of the knowledge of antiquity of which relevant examples can be traced back to Ademollo's etchings of the series *Antique Roman Shows* and in works for the Duke's Palace in Lucca, Gallerani and Sergardi in Siena, or for the San Clemente Duke's Palace in Florence.

The saga of the action and especially the equestrian hero type is very common in Ademollo drawings and painted scenes. Similar to the figurative composition of *Alexander with Bucephalus* are, for example, three painted scenes, chronologically close to the drawing as well. In 1787 Ademollo participated in the competition for the decoration of the Pergola Theatre in Florence and sent an oil drawing for the curtain with *Niobe pierced by Apollo and Diana's arrows*. While in 1790 he was called on for a technical experiment of a coloured draft of *Quadriga run* for the decoration of hall of the Imperial and Royal Pergola Theatre (Immobili Academy Archive, (AAI), *XXIX - Materiale iconografico, n.* 1429. [XVI/2] L. Ademollo, *Niobe fulminata 1789*, n.1430. [XVI/3] L. Ademollo, *La corsa delle quadrighe 1789 maggio)*. The style showed by Ademollo here seems to recall Neoclassical experiments but directed towards a more lyrical, Dionysian and extreme level sharing certain painted results with not very well known Antonio Canova ones, for example. We could say more. The aerodynamic rush of the running horses and the summary painting style results sometimes so modern as to be a presage for Gericault's flake painting or for Guttuso's horse racing fantasy. The draft is specifically inter-

alla composizione figurativa di Alessandro con Bucefalo ad esempio tre scene pittoriche, fra l'altro cronologicamente vicine a questo disegno. Nel 1787 l'Ademollo partecipò al concorso per la decorazione del Teatro della Pergola ed inviò a Firenze un disegno a olio per il sipario con *Niobe saettata d'Apollo e Diana*. Mentre nel 1789 fu chiamato alla prova tecnica di un bozzetto a colori eseguendo la *Corsa delle quadrighe* per la decorazione nel salone della bocca d'opera dell'Imperiale e Regio Teatro della Pergola (Archivio Accademia degli Immobili, (AAI), *XXIX - Materiale iconografico, n.* 1429. [XVI/2] L. Ademollo, *Niobe fulminata 1789*, n.1430. [XVI/3] L. Ademollo, *La corsa delle quadrighe 1789 maggio).* Lo stile qui dimostrato dall'Ademollo sembra risentire dello sperimentalismo nato in campo Neoclassico ma volto a interpretarne il lato più lirico, dionisiaco ed estremizzato che condivideva con certi esiti pittorici di Antonio Canova, ad esempio, e spesso poco noti. Potremmo dire di più. Lo slancio aerodinamico dei cavalli in corsa e lo stile pittorico compendiario risultano a tratti talmente moderni da presagire la pittura sfaldata di Gericault e certe fantasie ippiche di Guttuso. Il bozzetto è poi nello specifico interessante per l'iconografia dell'eroe equestre e della potenza muscolare del nudo affine ad Alessandro, però raffigurato con una torsione inversa del busto rispetto all'auriga; parimenti il cavallo bianco impennato nel bozzetto della quadriga, ricorda espressamente la posa di Bucefalo. Una soluzione iconografica che Luigi doveva avere ben in mente anche quando compose i disegni di questa serie a cui possiamo accostare genericamente l'impeto delle scene della *Distruzione di Cartagine* dipinte in palazzo Venturi Gallerani nel 1793-1794. Così pure il ciclo della *Guerra di Troia* con il *Duello fra Ettore e Aiace* dipinto in alcune stanze del palazzo fiorentino Orlandini del Beccuto o palazzo Gondi di Francia. I dipinti risalgono al 1813-1816 circa, e ad un Ademollo affermato, in cui il bellissimo Ettore deve la sua grande qualità anche per le invenzioni già proposte in questo disegno di Alessandro. Non si conoscono altri esempi iconografici dell'artista su questo soggetto che è però sempre parte della serie Vigesima Nona nel suo *Catalogo delle tavole sacre e profane* nella terza tavola, la seconda delle scene minori.

E.R.

esting for the iconography of the equestrian hero and for the muscular strength of the nude similar to that of Alexander, even if depicted with an inverse turn of the bust with respect to the charioteer; equally, the buck white horse in the *quadriga* draft clearly recalls the pose of Bucephalus. An iconographic solution that Luigi should have had on his mind also when he made the drawings of this series to which we can generically compare to the power of the scene of the *Destruction of Carthage* painted in Venturi Gallerani Palace in 1793-1794.

As well the cycle of the *War of Troy* with *Hector and Ajax Duel* painted in some rooms of the Orlandini del Beccuto or Gondi di Francia Palace in Florence. The paintings belong to around the 1813-1816, to a confirmed Ademollo, where the handsome Hector owes his great quality also to the inventions already proposed in this Alexander drawing. We do not know other iconographic exemplars of the artist on this subject which is, however, still part of the series Vigesima Nona (29th) of his *Catalogue* in the third panel, the second of the minor scenes.

E.R.

Alessandro a Delfi costringe la Pizia a predirgli il futuro

The priestess Pythia forced to say the prophecy

850 × 598 mm / 33.4 × 23.5 in

Iscrizioni: cartiglio originale posto a tergo nella sfera superiore della tela con scritta autografa dell'artista "4 La Pizia Sacerdotessa d'Apollo in Delfo forzatta a dar l'oracolo". Targhetta in carta con dicitura "Eredità Zanotti".
In alto a tergo del telaio ligneo siglato a inchiostro al centro con il numero "2" e nell'angolo sinistro con la lettera "B".

Il disegno qui in esame prosegue la serie tematica degli altri quattro, in prosecuzione al soggetto che illustra Alessandro che doma il cavallo Bucefalo. Il foglio presenta a tergo sul cartiglio il numero 4, assieme al titolo del soggetto ed in attinenza ad altre opere della stessa serie. Elemento che avvalora ulteriormente la tipologia di serie e progetto decorativo unitario.

Nella vita di Alessandro, trattata da Plutarco, l'episodio della visita all'oracolo in Delfi avviene quando, lasciata Corinto, Alessandro è in procinto di organizzare una spedizione contro i Persiani.

«[...] per caso vi capitò in giorni nefasti, durante i quali non si usa emettere oracoli di sorta. Egli mandò a chiamare ugualmente la profetessa, pregandola di venire; però essa si rifiutò di presentarsi [...]. Alessandro allora salì a prenderla di persona e la trascinò a viva forza nel tempio. La sacerdotessa, soggiogata, quasi, dalla sua risolutezza, disse: "Sei invincibile, figlio mio". Come Alessandro udì queste parole, dichiarò di non aver più bisogno di un'altra profezia e di aver ricevuto da lei l'oracolo che desiderava».

Il foglio presenta un tratto grafico di grande qualità che si riscontra nel dettaglio tecnico fin dalla fase preparatoria della carta, con acquerellatura marrone chiaro e la accurata listatura a tempera grigio-azzurra della bordura del disegno. È visibile il delicato tratto di sanguigna su alcuni dettagli: la prima che delinea la fronte della sibilla, le falde dei panneggi e l'incavo degli occhi della donna che sorregge il tripode, così come nella statua raffigurata nella nicchia in alto a destra. La tecnica disegnativa prevede un successivo ripasso a inchiostro bruno e l'ulteriore finale passaggio con i rialzi a biacca per conferire luminosità, preziosità e tridimensionalità alla scena. Un particolare ottico che si riscontra in questo foglio è dato dal delicato effetto cromatico ottenuto dall'Ademollo nella stesura della biacca sul tratto di sanguigna, creando in alcuni punti una sfu-

Inscriptions: original cartouche at the back on the top centre with the handwriting of the artist
Label on the top "Zanotti Inheritance".
On the back of the frame is signed the number "2" and on the top left corner with the letter "B" in ink.

The drawing here examined follows the thematic series of the other four, continuing the subject illustrating Alexander taming Bucephalus. The paper has in the back the cartouche number 4, together with the title of the topic and in relevance to the other works of the same series. An element supporting even more the uniform typology of the series and the decorative project.

In *The Life of Alexander*, written by Plutarch, the episode of the visit of the Delphi oracle happened when, having left Corinth, Alexander is about to organize an expedition against the Persians.

The drawing presents graphic traits of great quality that can be found already in the technical details from the preparatory phase of the paper, with light brown watercolour and the accurate edges with grey-light blue tempera. Visible are the delicate traces of red chalk on some details: the first outlining the forehead of the Sybil, the folding of the drapery and the recesses of the eyes of the woman sustaining the tripod, also in the statue inside the niche on the top right. The drawing technique foresaw a subsequent retouch with brown ink and a following final passage with white lead relief to give to the scene luminosity, preciousness and tridimensionality. A peculiar optical effect can be found in this drawing in the delicate chromatic effect obtained by Ademollo by drawing up the white lead on the red chalk traces, creating in some places a white-pinkish nuance. A peculiarity visible for example in the eyes of the group of characters and in the heads on the left where the artist, with a point of light in the ocular sclera and the sanguine traces, gives liveliness and sweetness to the gazes and greater tonal softness.

Of interest is the back of the woman climbing the stairs with a basin on her head, unique of her kind but also reused as a suggestion in Ademollo's large compositions. The anatomical variety of his characters, sometimes foreshortened or seen from behind, can be traced in future

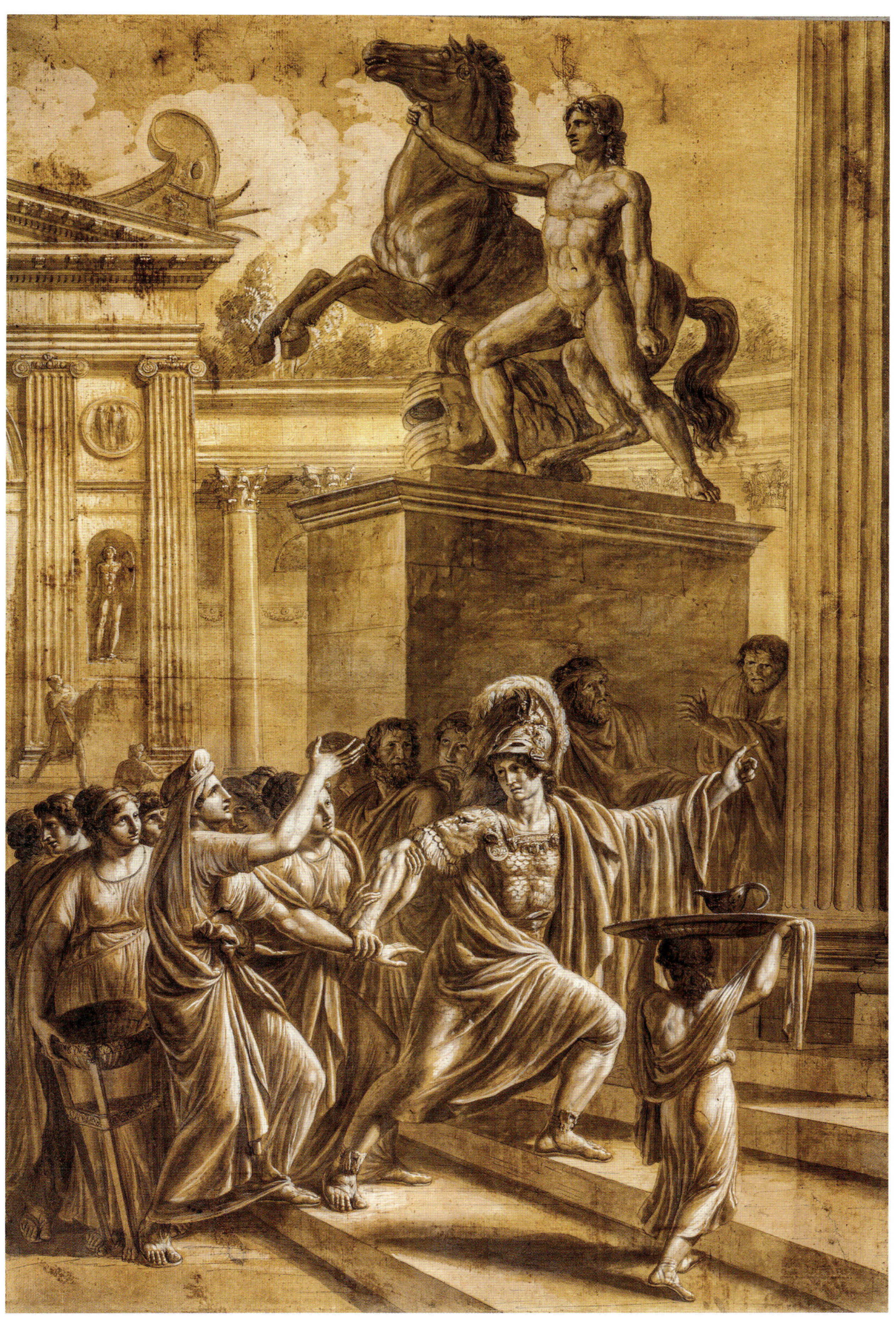

matura bianco rosacea. Un dettaglio visibile ad esempio negli occhi della schiera di personaggi e teste sulla sinistra in cui l'artista, con un punto di luce nella sclera oculare ed il tratto di sanguigna, dà vivacità e dolcezza agli sguardi e maggiore morbidezza tonale.

Interessante la posa di schiena della figura di donna che sale le scale con un bacile sulla testa, unica nel suo genere ma ripresa come suggestione nelle grandi composizioni dell'Ademollo. La variegata anatomia dei suoi personaggi, talvolta in scorcio o di spalle, si riscontra nei futuri esempi dei *Trionfi di Traiano* in palazzo Ducale a Lucca come nel *Trionfo di Alessandro Magno in Babilonia* nella villa fiorentina il Pozzino a Castello.

Del disegno si apprezza la freschezza e morbidezza dei volti femminili, trattati con grande qualità, come i profili e le figure di tre quarti, gli scorci e le pieghe leggerissime delle tuniche ad imitare il lino anche grazie alle sapienti ombreggiature e gli accesi trapassi chiaroscurali adoperati per dare forza e carattere al gruppo grafico. L'uso della biacca è prevalente nella parte inferiore del disegno e mette in luce i personaggi ed il gruppo che muove da sinistra verso destra, in cui Alessandro prende per il braccio la pizia per condurla all'oracolo. L'Ademollo non restituisce l'immagine di un atto violento o particolarmente coercitivo, così come descritto nelle *Vite* ma piuttosto raffigura un gesto di accompagnamento, con la probabile volontà di non "sporcare" l'immagine salvifica di Alessandro nell'economia del valore morale del ciclo e della sua appartenenza alla serie plutarchea di *Uomini illustri*. Altri personaggi, seppure estremamente carichi di pathos e intenti a interessarsi alla scena, sono in penombra e fungono da spettatori in secondo piano. La qualità con cui viene restituito ogni dettaglio è estrema. A tal proposito anche il taglio compositivo, in ciascun disegno, lo distingue dai precedenti e mostra una scelta originale ed autonoma dagli altri fogli senza tuttavia spezzare l'unitarietà stilistica e compositiva della serie. L'impianto prospettico si struttura in questo caso con un punto di vista posto leggermente dal basso verso l'alto ed il nostro sguardo è naturalmente spinto a salire i gradini del tempio, assieme alla sacerdotessa ed Alessandro. La profondità ottica è suggerita pure dalle ombre e dal personaggio che si affaccia dal lato del basamento del Dioscuro. Il disegno, come nella scena con Bucefalo, si divide con una zona in ombra decentrata verso il monumento equestre ed una parte inferiore in cui il chiaroscuro è mosso dall'effetto vibrante della biacca. La parte superiore del foglio acquista invece maggiore luce e l'architettura, rifinita nel dettaglio, è ombreggiata in modo più leggero. Lo stile fortemente antichizzante e archeologizzante pone il foglio in dialogo con i suoi numerosi *pastiche* rovinistici, assimilabili al gusto anche anglosassone di Robert Adam, di cui in quegli anni aveva dato prova nel ciclo senese per i Venturi Gallerani nel 1794 e che si richiamano al gusto vedutistico appreso nella Capitale. Verosimilmente, pochi

examples such as the *Trojan Triumphs* in the Duke's Palace in Lucca or *Triumph of Alexander the Great in Babylon* in the Florentine Villa Il Pozzino a Castello.

One can appreciate the freshness and tenderness of the female faces in the drawing, depicted with great quality, as profiles and three quarter figures, the glimpses, the thin folding of the tunic imitating linen also thanks to the expert shadowing and the bright chiaroscuro passages used to give strength and character to the graphic group. The use of white lead is prevalent in the lower part of the drawing and highlights the characters and the group moving from left to right, where Alexander took Pythia's arm to bring her to the oracle. Ademollo does not return the image of a violence or a particularly coercive act, as described in *Parallel Lives*, but instead depicts a gesture of accompaniment, with the probable desire to not create any stain in the saviour image of Alexander in the economy of moral value of the cycle and of his belonging to the Plutarch series of Illustrious Men.

Other characters, even if extremely full of pathos and intent in paying attention to the scene, are in half light and function as an audience in the background.

The quality with which every details is produced is extreme. Regarding this, the compositional slant, in every drawing, also distinguishes it from the others without breaking the stylistic and component unity of the series. The prospective structure is built in this case with a point of view slightly from below facing the top and our gaze is naturally brought to climb the stairs of the temple, together with the sorceress and Alexander. Optic depth is also suggested by the shadows and by the character facing from the side the foundation of the Dioscuro. The drawing, as in the scene with Bucephalus, is divided between an off-centre area in the shadows near the equestrian monument and a lower part where the chiaroscuro is moved by the vibrant effect of the white lead. The upper part of the drawing acquires more light and the architecture, refined in every detail, is shaded in a lighter way. The strongly antique and archaeologic style place the drawing in dialogue with his numerous pastiche of ruins, similar as well to the Anglo Saxon taste of Robert Adam, whom in those years he had already referenced in the Siena cycle for the Venturi Gallerani in 1794 and can be recalled in his taste for landscapes acquired in the capital. Most likely, a few years before making these drawings, Ademollo worked with the French artist François Louis Cassas, with the landscape painter Abraham Louis Rodoplh Ducros, and with Carlo Antonini, draftsman of the Pope, and he was probably inspired by the prints of Giovan Paolo Pannini and, above all, by Giovan Battista Piranesi. To this antiquarian tension belongs the clear reference point of the Dioscuri Fountain in Montecavallo, which Ademollo knew very well from his Roman stay and

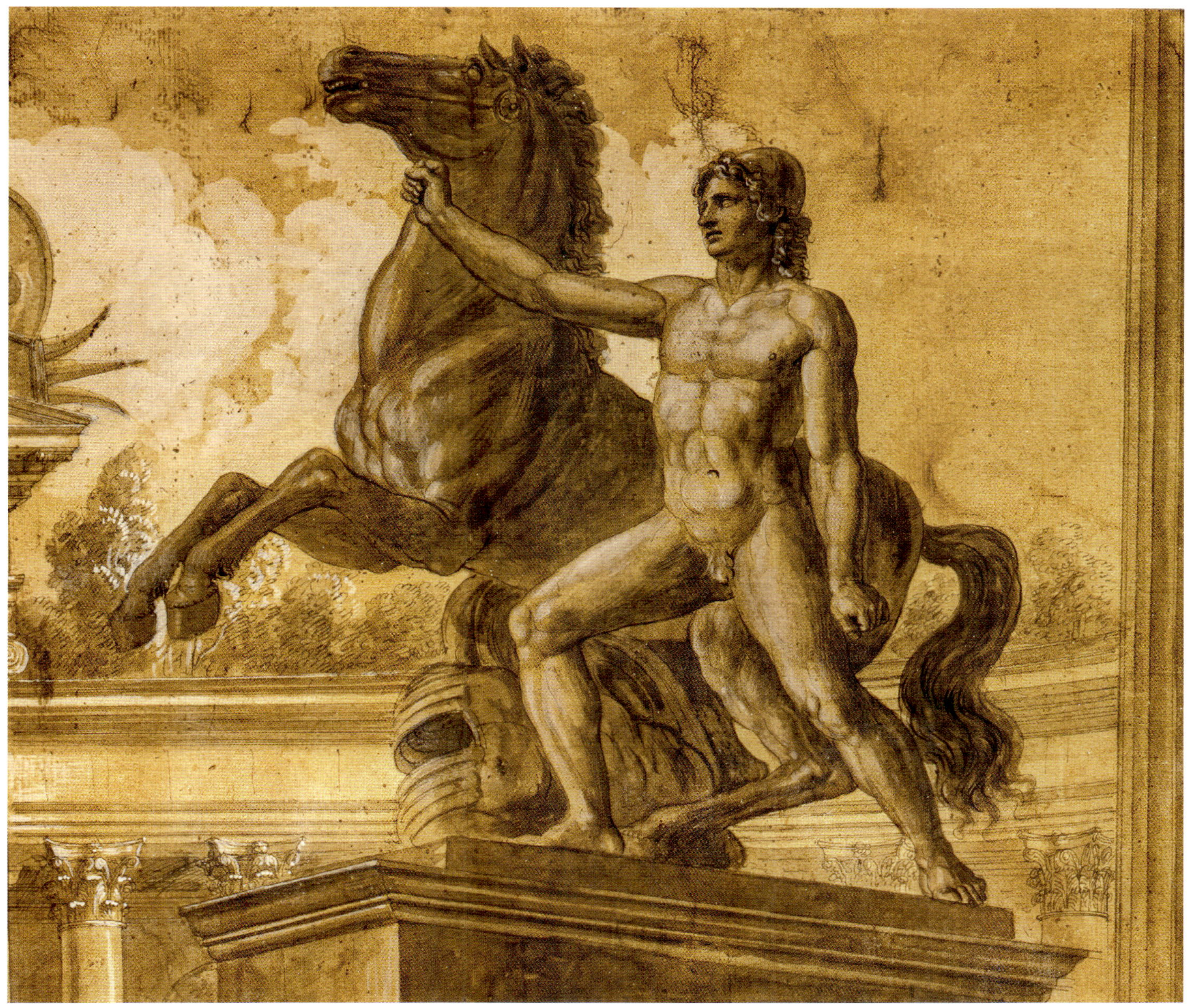

anni prima dell'esecuzione di questi fogli, lavorò con il disegnatore francese François Louis Cassas, con il paesaggista Abraham Louis Rodoplh Ducros, con Carlo Antonini incisore camerale del papa e fu probabilmente ispirato dalle stampe di Giovan Paolo Pannini e soprattutto da Giovan Battista Piranesi. A tale tensione antiquaria appartiene la manifesta citazione della fontana dei Dioscuri di Montecavallo, che Ademollo conosceva bene dal suo soggiorno romano e non manca di ispirarvisi sia nel caso dei bozzetti equestri per il Teatro della Pergola che nella tavola XXIV della collezione quarta di acqueforti sulla *Vita di Gesù Cristo e storie dell'Eccidio di Gerusalemme* stampato nel 1838 e presente nel *Catalogo* delle sue tavole.

E.R.

was not lacking as an insipriation in the case of the equestrian drafts for the Pergola Theatre or in panel XXIV of the fourth collection of etchings on the *Life of Jesus Christ* and *Story of the Slaughter of Jerusalem* print in 1838 and present in his *Catalogue*.

E.R.

Il nodo gordiano sciolto da Alessandro / *The Gordian Knot untied by Alexander*

850 × 601 mm / 33.4×23.6 in

Iscrizioni: cartiglio originale posto in alto al centro a tergo della tela con scritta autografa dell'artista "2 Il Nodo Gordiano sciolto da Alessandro".
Targhetta in carta con dicitura "Eredità Zanotti".
A tergo sul telaio ligneo siglato a inchiostro con il numero "4".

L'episodio del nodo gordiano si situa dopo la disfatta di Tebe e l'episodio di Timoclea, quando Alessandro si spinse a nord della Grecia fino in Frigia e alla città di Gordio in cui avrebbe aspettato l'arrivo dei rinforzi macedoni e greci per proseguire.

Il mito è dunque pure parte della *Vita di Alessandro* narrata da Plutarco:

«Nella città di Gordio, che secondo la tradizione fu anticamente la residenza abituale del re Mida, e che pure conquistò, vide il carro, di cui tanto si parla, legato strettamente con una corteccia di corniolo, e udì in proposito raccontare una leggenda, a cui i barbari per conto loro credono e secondo la quale chi avesse sciolto il legame che teneva il carro avvinto al gioco era destinato a diventare re di tutto il mondo. Dicono dunque molti storici che Alessandro non riuscì a sciogliere i legami, poiché i loro capi erano nascosti e avvolti uno dentro l'altro con molti giri aggrovigliati; perciò taglio il nodo con la spada, e allorché fu spezzato si videro uscire numerosi capi».

L'impresa, secondo le fonti storiche e biografiche del macedone, fu sfruttata da Alessandro per rinforzare il mito della sua invincibilità e forza nonché sostenere la sua discendenza divina e protezione diretta da Zeus. La leggenda del carro sosteneva infatti che fosse stato costruito in onore ad una divinità frigia ossia il padre degli Dei, cui la nascita di Alessandro, si lega.

Il foglio è impostato in senso longitudinale con un verticalismo suggerito dall'infilata prospettica dell'intercolumnio e dalla riquadratura ottica data ai due lati in cui la scena è rinserrata, all'imbocco di un portale. Il supporto ha la consueta preparazione con acquerello marrone, tuttavia in questo esemplare il disegno preparatorio a sanguigna risulta meno visibile, ma comunque presente, nella redazione del bozzetto e specialmente nel tratteggiare le figure e la struttura architettonica. Segue il ripasso a inchiostro bruno realizzato

Inscription: original cartouche at the back on the top centre with the handwriting of the artist:
Label on the top "Zanotti Inheritance".
On the back of the frame is signed the number "4" with ink

The episode of the Gordian Knot happened after the fall of Thebes and the Timocleia episode, when Alexander went to the North of Greece to Phrygia and the town of Gordio where he would have waited the arrival of the Macedonian and Greek reinforcements to continue.

The myth is also part of the *Life of Alexander* told by Plutarch.

The deed, according to historical and bibliographic sources on the Macedonian, was used by Alexander to reinforce the myth of his invulnerability and his strength and to sustain his divine lineage and direct protection by Zeus. The legend of the chariot told, indeed, that it was built in honour of a Phrygian deity, the father of the Gods, to whom Alexander was bound at birth.

The drawing is set in longitudinal direction with verticality suggested by the long perspective view of the arcade and by the optical framing at the sides where the scene is inserted, at the entrance to a gate. The support has the usual preparation with brown watercolours, though in this exemplar the preparatory drawing made with sanguine results less visible, but still present, in the making of the draft and especially in the tracing of the figures and of the architectonic structures. Retouching with brown ink done with a great abundance of details and small traits followed, such as on the armour of Alexander, which Ademollo structures in every drawing of the series, except in the scene where he faced Bucephalus naked. The white lead outlines with precision Alexander's breastplate, following the typology of Roman late classic armoured sculptures.

The model sketched by Ademollo mixed characteristics of Hellenistic and classic armour where the bivalve breastplate, tied on the side, was anatomical and with a prolongation to protect the groin. At the lower border of the breastplate hang several lines, the so called *pteryges*, semicircular strips or sometimes metal or leather plates. Ade-

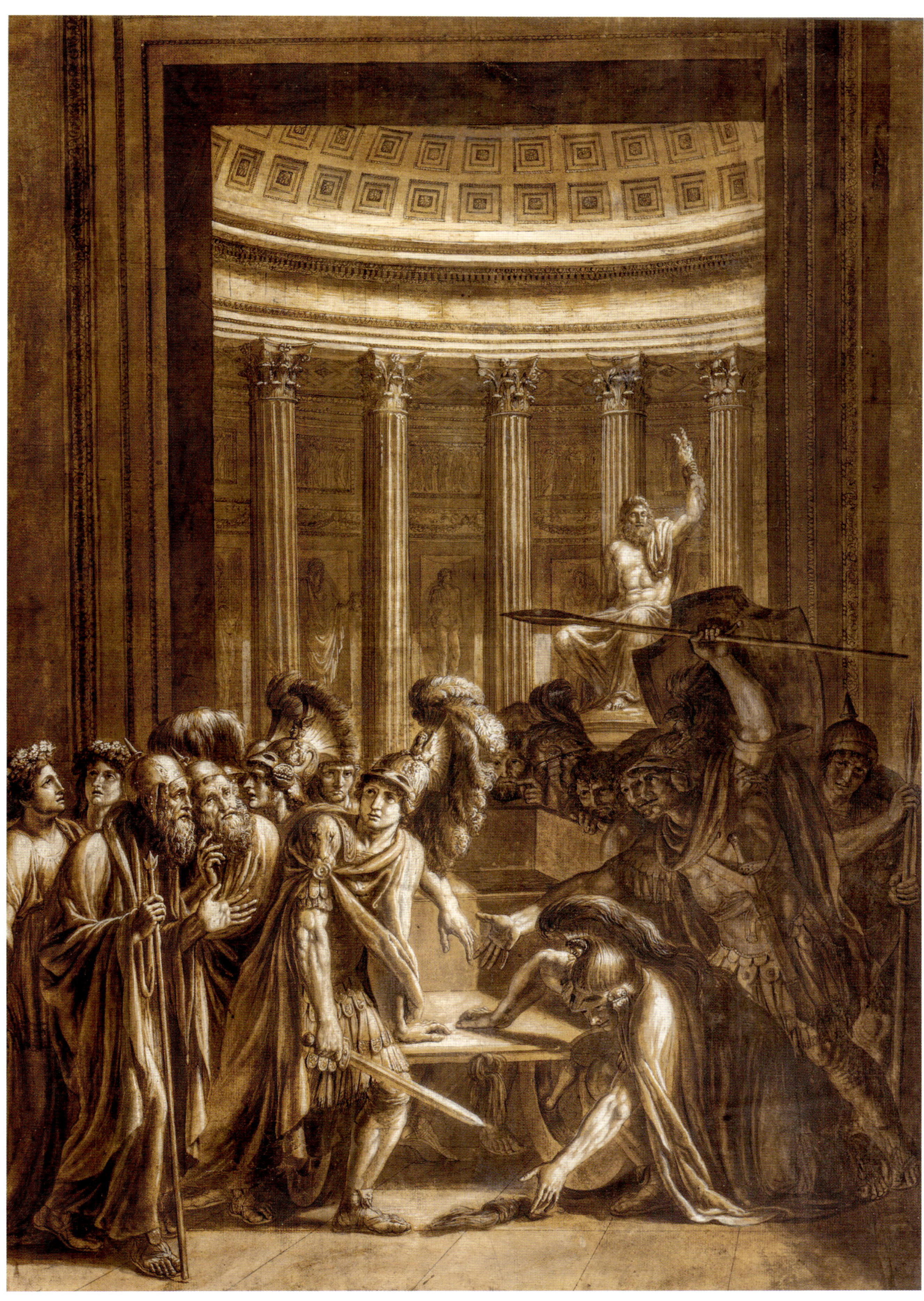

con grande dovizia di particolari e tratteggi minuti, come sull'armatura di Alessandro, che Ademollo struttura in ciascun disegno della serie, eccetto la scena in cui nudo affronta Bucefalo. La biacca infatti delinea con precisione la corazza di Alessandro che si rifà alla tipologia della statua loricata tardo classica romana. Il modello disegnato da Ademollo intreccia le caratteristiche del loricato ellenistico e classico in cui la corazza bivalve, allacciata lateralmente, era anatomica con un prolungamento a protezione dell'inguine. Aderenti poi al bordo inferiore della corazza pendevano su due o più file sovrapposte le cosiddette *pteryges,* linguette semicircolari o talvolta lamelle metalliche o di cuoio. Ademollo risulta fortemente capace di offrire una raffigurazione filologica: disegna il corsetto di Alessandro, di stampo prettamente ellenistico, decorato con un'egida centrale a forma di chimera o gorgone alata, mentre su ambedue gli spallacci vi sono due teste leonine con affianco sulla spalla una *leontè*: ovvio richiamo alla sua stretta discendenza da Eracle. Anche in questo caso la grande resa plastica e i giochi chiaroscurali sono dati dagli effetti luministici della biacca sui volti di Alessandro ed degli altri astanti con particolari decorativi degli elmi impreziositi da perlinature create con gocce di bianco. Si tratta di un ulteriore filologico accorgimento dell'artista, la cui abilità a miniare su carta qui si anima e descrive con precisione l'abbigliamento e l'elmo di Alessandro come riportato da Plutarco nel momento dello scontro a Gaugamela:

«Egli indossava un elmo opera di Teofilo, una gorgiera di ferro e tempestata di gemme a protezione del collo, una tunica siceliota legata in vita, un doppio thorax di lino facente parte del bottino di Isso, un mantello, dono dei Rodiesi [...]».

L'elmo del macedone e la sua lunga criniera, ricordavano sempre la figura leonina, attributo eracleo, pure descritta da Plutarco e fedelmente riprodotta dal pittore milanese.

Sono particolarmente adatti al confronto con l'iconografia alessandrina di questo disegno, come del foglio con Timoclea, la coppia di disegni, simili anche per tecnica, e raffiguranti proprio la *Battaglia di Gaugamela* e la *Pompa baccanica in Babilonia* da collegarsi forse proprio allo stesso progetto figurativo dei disegni qui esposti.

Alle spalle della scena del nodo sciolto, sul lato sinistro, si situa un gruppo di donne agghindate con ghirlande di fiori che Ademollo riproporrà in altre raffigurazioni di cortei e trionfi imperiali, ad esempio nei cicli di Villa Grazzini (1790) Lucignano (1811), sala del Trono di Lucca (1817-19). Per costruire lo spazio scenico si riscontra sempre un sapiente uso delle ombreggiature; così come la scena è geometricamente spartita e introdotta dalla strombatura del portale che separa, come un diaframma, il proscenio dell'episodio, con Alessandro che scioglie il nodo gordiano, e la parte retrostante con l'interno di una struttura templare circolare. La statua assisa in trono, che s'intravede poi inter-

mollo appears strongly capable of offering a philological representation: he draws Alexander's girdle, typically Hellenistic, decorated with a central aegis chimera or winged gorgon shape, while on both of the shoulder straps there are two lion heads with a *leontè* next to them on the shoulders: an obvious recognition of his direct lineage from Heracles. Also in this case great sculptural rendering and the chiaroscuro play are furnished by the lighting effects of the white lead on the faces of Alexander and the other bystanders, with the decorative details of the helmet embellished by beadings created with drops of white. This is an additional philological expedient of the artist, whose ability to make miniatures on paper comes to life here and describes precisely the outfit and the helmet of Alexander as reported by Plutarch during the moment of the Battle of Gaugamela.

The helmet of the Macedonian and his long hair, recalling the lion figure, attributed to Heracles, also described by Plutarch and faithfully reproduced by the painter from Milan.

Particularly fitting for comparison with the Alexander iconography of this drawing, as of the drawing with Timocleia, are the pair of drawings, similar also in technique, depicting the same *Gagugamela Battle* and the *Dionysian Triumph in Babylon* which could maybe be connected to the same figurative project as the drawings here exhibited.

Behind the scene of the loosened knot, on the left side, stands a group of women dressed up with flower garlands that Ademollo will propose again in other representations of parades and imperial triumphs, for example in the cycle of Villa Grazzini (1790) Lucignano (1811), Throne Room in Lucca (1817-19). To construct the scene we always see an expert use of shading, so that the scene is geometrically divided and introduced by the splay of the gate separating, like a diaphragm, the proscenium of the episode, with Alexander loosening the Gordian knot, from the background with the interior of a circular temple structure. The sculpture sitting on the throne which we can see inside recalls Zeus, as shown by the lightning bolts held by the God. The coffer dome is probably a reminder of the Pantheon's, from which we see the profusion of a central light. Coming back to observe the gate, we see that the left side presents grooving only partially exposed to the light and the cut of the drawing suggests a view and diagonal perspective from left to right. On the right side, instead, the splay of the jamb of the opening is in full shadow and suggests the sloping of levels accompanying in depth the gaze of the observer at the entrance of the temple. In this drawing we see an evident liner geometry characterized by the frieze structure of the neoclassical composition. We find fantastic scenic elements built by the antiquarian imagination of Luigi, including the frieze and festoons, and the statues inside niches in the temple.

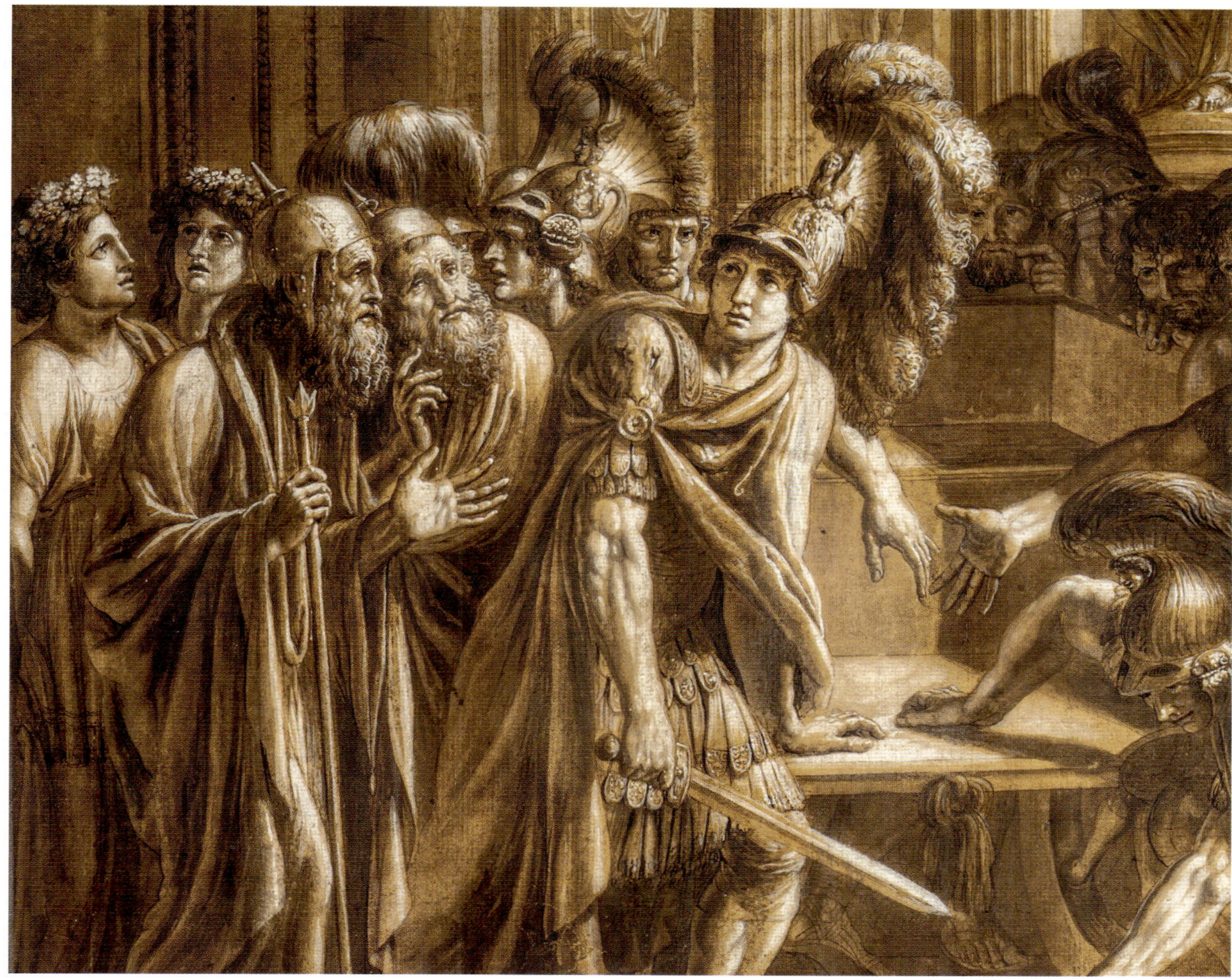

namente, è sempre un richiamo a Zeus come mostrano i fulmini impugnati dal Dio. La cupola a lacunari è un probabile ricordo della calotta del Pantheon da cui vediamo che si profonde una luce centrale. Tornando ad osservare il portale vediamo che il lato sinistro presenta scanalature messe in luce solo parzialmente ed il taglio del disegno suggerisce una prospettiva scorciata e posta in diagonale, da sinistra verso destra. Sul lato destro, invece, la strombatura dello stipite del varco è in piena ombra e suggerisce il digradare dei piani accompagnando in profondità lo sguardo dell'osservatore alla soglia del tempio. In questo disegno vediamo un evidente geometrismo lineare che caratterizza l'impianto a "fregio" della composizione di stampo neoclassico. Si ritrovano elementi scenici di fantasia costruiti dall'immaginario antiquariale di Luigi come il fregio ed i festoni, le statue entro nicchie nel tempio. Nei sacerdoti del tempio, altrettanto delicatamente tratteggiati nei preziosi dettagli dei copricapi, possiamo rievocare figure simili nel disegno a penna nera e biacca del *Trionfo di Davide* (già collezione Mellini-Rudolph) firmato dall'Ademollo "Roma 1791" e quindi relativo al periodo del disegno qui studiato.

E.R.

The priests of the temple, treated with equal delicacy in the particular details of the hats, invoke again similar figures from the black pen and white lead drawing *David's Triumph* (already Mellini-Rudolph collection) signed by Ademollo "Roma 1791" and as such related to the time of the drawing here studied.

E.R.

Alessandro onora e copre il corpo di Dario III di Persia

Darius found dead by Alexander who honored him and covered his body with his cloak

855 × 600 mm / 33.6 × 23.6 in

Iscrizioni: cartiglio originale posto in basso a tergo al centro della tela con scritta autografa dell'artista "4 *Dario trovatto morto da Alessandro l'onora ed il copre col suo manto Sabatelli Giuseppe*". La firma di Sabatelli modifica probabilmente la scritta originaria "Adamolli Luigi".
Targhetta in carta con dicitura "Eredità Zanotti".
In alto a tergo del telaio ligneo siglato a inchiostro quatttro volte al centro e sul lato destro con il numero "3" e nell'angolo sinistro con la lettera "B".

Nel disegno della *Battaglia di Gaugamela* comparso nel 2019 Ademollo compone un bozzetto dedicato all'epico scontro del primo ottobre del 331 a.C fra il re persiano Dario e Alessandro Magno. Il senso sfaldato di questo nugolo in battaglia interpretava esattamente l'atmosfera dello scontro descritta dalle cronache in una nuvola di polvere. L'opera non è dichiaratamente connessa al disegno qui presentato ma vi è comunque correlata tanto per il soggetto, il ritrovamento del carro e del corpo di Dario dopo lo scontro, quanto per lo stile, la tecnica e la datazione. Le cronache plutarchee citano così il ritrovamento del corpo del Gran Re persiano nelle *Vite parallele*:

«[...] dopo una lunga ricerca lo trovarono disteso in una carrozza, col corpo tutto coperto da numerose ferite di giavellotto. Poco gli mancava a morire. Tuttavia domandò ancora da bere e, dopo aver bevuto dell'acqua fresca, disse a Polistrato, che gliela aveva porta: "O buon uomo, questo è il colmo di tutta la mia sventura: ricevere un beneficio e non poterlo ricambiare. Ma Alessandro ricompenserà te della tua gentilezza, e Alessandro ricompenseranno gli dèi della bontà che usò verso mia madre, mia moglie e i miei figli. Stringigli la mano a nome mio". E dicendo queste parole prese la mano di Polistrato e rese lo spirito. Alessandro, quando sopraggiunse, fu visibilmente addolorato della morte del suo nemico. Si slegò la clamide, la distese sul cadavere e ve lo avvolse. Trovato più tardi Besso, lo fece squartare per punirlo del tradimento. Presero due alberi diritti e li piegarono l'uno verso l'altro; a ciascuno attaccarono un'estremità del suo corpo, poi li lasciarono andare, ed essi tornarono nella posizione primitiva con estrema violenza, portandosi appresso la parte del corpo che avevano attaccato.»

Inscriptions: original cartouche at the back on the top centre with the handwriting of the artist with Sabatelli's signature probably modifying the original "Adamolli Luigi"
Paper label with written inscription "Zanotti Inheritance".
On top on the back of the frame is written four times at the centre and on the right side the number "3" and on the top left corner the letter "B" in ink.

In the drawing of the Gaugamela battle which appeared in 2019 Ademollo composes a draft dedicated to the epic fight which took place on October 1st 331 BC between the Persian king Darius and Alexander the Great. The crumbling sense of this swarm in the battle interpreted perfectly the environment of the clash described by the chronicles as a cloud of dust. This work is not declared to be connected with the drawing here presented but it is linked in any case by the subject, the discovery of the chariot and body of Darius after the clash, as much as by the style, the technique and the dating. The Plutarch chronicles quoted the discovery of the body of the Great Persian King in *Parallels Lives* in this way.

The event is set in a Middle Eastern land, in Northern Iran, where Alexander continued to follow the fugitive Darius until the news of the betrayal of the Great King by his subjected and his imprisonment in a chariot and abandonment. The drawing depicts the moment of the discovery of the chariot on the road close to the actual town of Damghan and of the display of great magnanimity that always distinguished Alexander, here in front of the deserving rival.

As concerns the artistic technique, the drawing matches with the others of the series, with the same preparation of the support with brown ink and a subsequent draft done with graphite and red chalk. Visible traces are seen along the limbs of the figures, on the profiles and on the figures of the knights in the top left of the background.

The drawing was then outlined entirely with brown ink and later highlighted with white lead in delicate passages needed to created point of lights along the profiles of the faces, the feathers and other ornamental details. This recalls the quality of the drawing and elaboration of Alex-

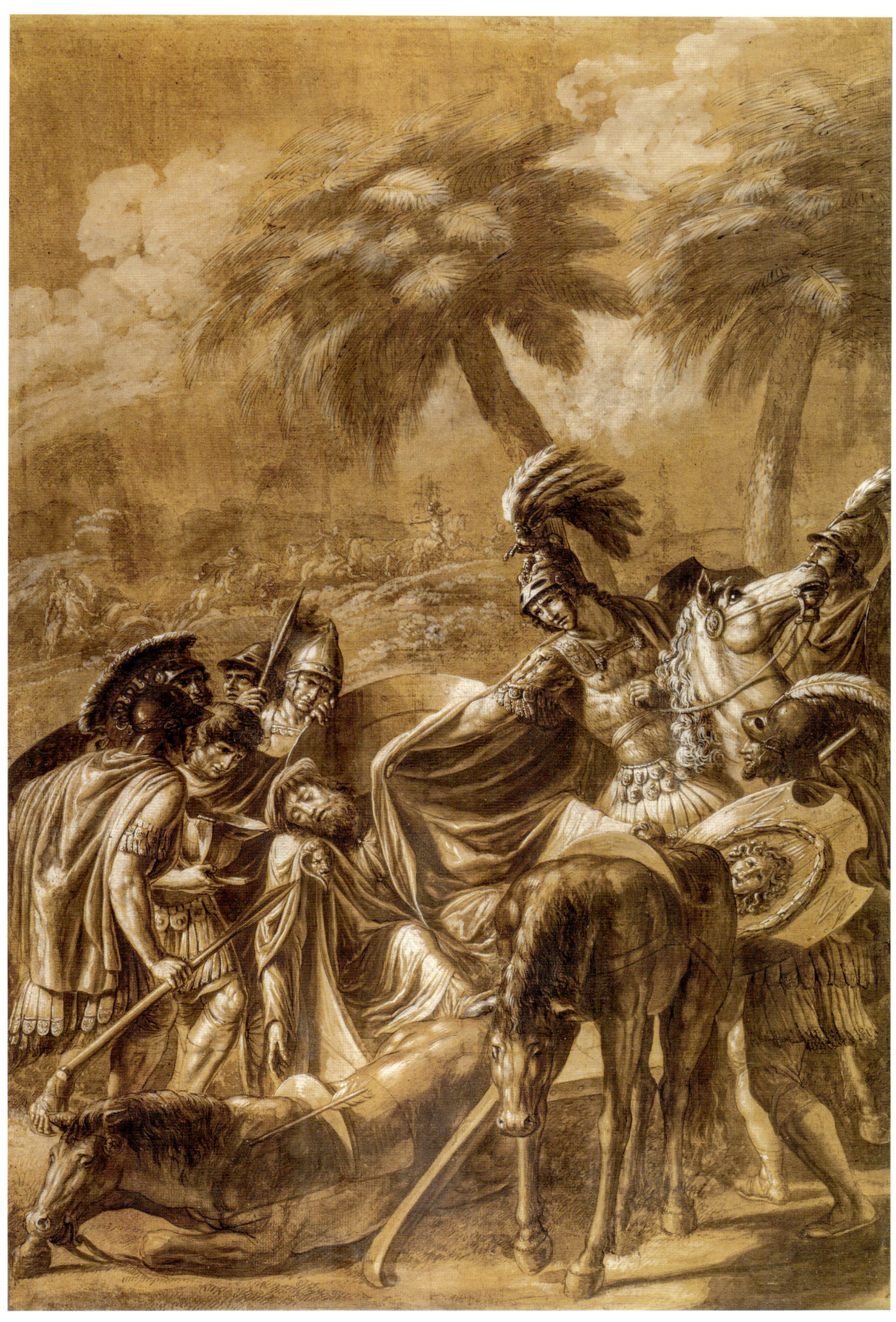

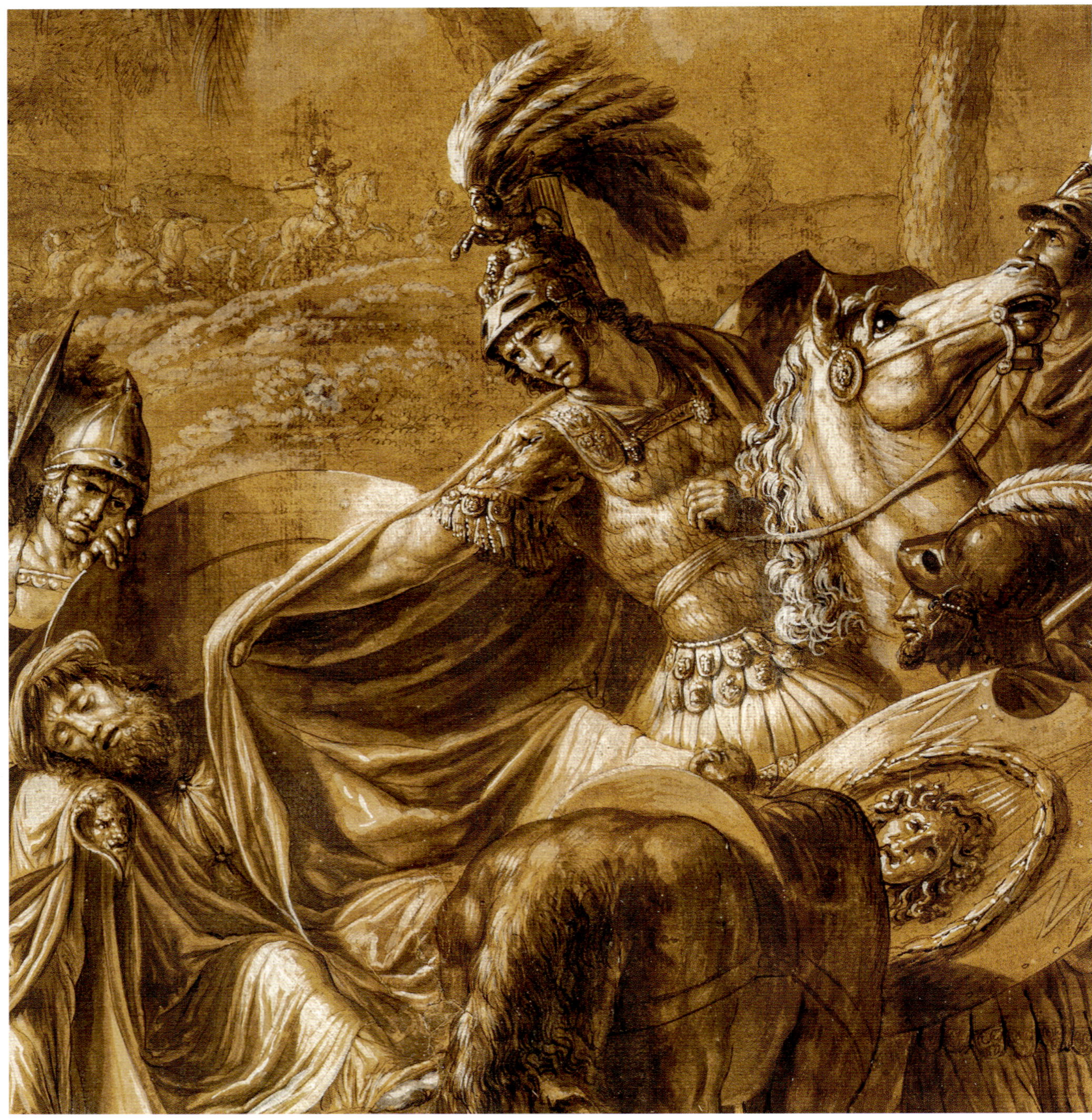

La vicenda si ambienta di fatto in territorio mediorientale, nell'Iran settentrionale, in cui Alessandro continua a inseguire il fuggitivo Dario fino alla notizia del tradimento del Gran Re ad opera dei suoi stessi sottoposti e di come fosse stato imprigionato in un carro e abbandonato. Il disegno illustra il momento del ritrovamento del carro sulla strada vicina alla attuale città di Damghan e dell'atteggiamento di grande magnanimità (μεγαλοψυχία) che sempre contraddistingue Alessandro, qui di fronte al degno rivale.

Per quanto concerne la tecnica artistica il disegno è in linea con i precedenti della serie, con una preparazione del supporto con acquerello marrone su carta vergellata e suc-

ander's helmet and Bucephalus' mane. In the top part of the page there is a brighter area and only the palms are shaded with dark watercolours.

The central part of the drawing is embellished by white lead reliefs, with the ground and the horses in half light dividing, by light effects, the upper and lower parts of the drawing. On the top left side is clearly visible also the course of the brushstrokes of the laid paper. The drawing is framed by grey-light blue tempera on the edges as in all the pieces of the series. The scene has a vertical structure and the main focus is Darius covered by Alexander's cloak. At the left and right sides emerge the faces of soldiers with

cessivo bozzetto eseguito a grafite e sanguigna. Tracce visibili sono lungo gli arti delle figure, sui profili e nelle figure dei cavalieri posti sullo sfondo in alto a sinistra.

Il disegno è stato poi rifinito interamente con inchiostro bruno e successive lumeggiature con bianco di piombo in delicati passaggi volti a creare punti di luce lungo i profili dei volti, i piumaggi e altri dettagli esornativi. Risalta per qualità la grafica e la decorazione dell'elmo di Alessandro e la criniera di Bucefalo. Nella parte superiore del foglio l'area è maggiormente in chiaro e solo le palme sono ombreggiate da un acquerellatura scura. La parte centrale del disegno è impreziosita dai rialzi a biacca, mentre il terreno ed i cavalli in penombra scompartiscono tramite gli effetti di luce la parte alta e bassa del disegno. Nell'angolo in alto a sinistra è ben visibile anche l'andamento delle pennellate della preparazione della carta. Il foglio è infine contornato dalla listatura a tempera grigio-azzurra che caratterizza ciascun pezzo della serie. La scena ha un impianto verticale ed il fuoco centrale è Dario coperto dal mantello di Alessandro. Ai lati sinistro e destro emergono i volti dei soldati e i loro sguardi con espressioni di sgomento, preoccupazione, curiosità e realizzati con una elevata qualità grafica. La figura di Alessandro campeggia trasversalmente a lato destro con sguardo commosso ed un senso di *pietas* verso l'avversario ormai esangue. Dario presenta costumi orientali che ricordano i disegni di Luigi realizzati per la pubblicazione del trattato di viaggio *Voyage pittoresque de la Syrie, de la Phoenicie, de la Palestine, et de la Basse Egypte* curato dal disegnatore Louis François Cassas che assunse il giovanissimo Ademollo a Roma come copista per le illustrazioni dei volumi nel 1787 circa. Altri esemplari a tempera di scenari e figure orientaleggianti sono presenti in alcuni fogli di Luigi conservati alla Biblioteca Marucelliana di Firenze e nella scena dell'Entrata in Gerusalemme della Cappella Palatina di Palazzo Pitti, con riferimento al disegno preparatorio recentemente emerso. Nella parte alta a sinistra la schiera di cavalli tratteggiati a inchiostro risente del suo "far presto" da scenografo, dal tratto rapido. Esiti simili si ritrovano nei disegni a tempera e nelle scene degli *Spettacoli dell'Antica Roma*, come pure nel tratto bozzettistico di alcuni dipinti murali con i giochi imperiali dipinte nella villa a Montughi del suo committente Angiolo Mezzeri, nel 1811 circa, oggi sede del Museo Frederick Stibbert di Firenze. Lo scenario orientale con la coppia di palme sulla destra richiama ancora una volta i già citati disegni per Cassas ed è una citazione filologica dal racconto di Plutarco che potrebbe simbolicamente alludere ai due alberi cui fu giustiziato e appeso Besso, il traditore di Dario. Fra gli astanti attorno al carro di Dario l'uomo che tiene in mano una coppa va ricondotto alla figura di Polistrato che disseta il Re prima della sua morte.

E.R.

gazes of dismay, preoccupation, and curiosity rendered with a high graphic quality. The figure of Alexander stands transversally on the right side with an affected look and a sense of pity for the enemy now dead. Darius displays an oriental costume recalling Luigi's drawings realized for the publishing of the travel book *Voyage pittoresque de la Syrie, de la Phoenicie, de la Palestine, et de la Basse Egypte* edited by the artist Louis François Cassas who hired a very young Ademollo in Rome as a copyist for the illustrations of the volumes around 1817. Other tempera exemplars of oriental scenarios and figures are present in some of Luigi's drawings preserved in the Marucelliana Library in Florence and in the scene of the *Entrance in Jerusalem* of the Palatine Chapel in Pitti Palace, with a reference to the preparatory drawing recently discovered. In the upper left the group of horses treated with ink feels the 'hurry up' scenographic effect, with rapid tracing. Similar traits can be found in the tempera drawing and in the scenes of the *Ancient Rome shows* and in the draft tracings of some of his wall paintings with imperial themes in the Villa in Montughi of his buyer Angiolo Mezzeri, around 1811, today the Frederick Stibbert Museum in Florence. The oriental set with several palms on the right recalls the aforementioned drawings for Cassas and is a philological quote of Plutarch's tale that may be symbolically an allusion to the two trees where Bosso, the betrayer of Darius, was hung. Among the bystanders around Darius' chariot, the man holding the cup should be identified as Polystratus quenching the king's thirst before his death.

E.R.

Bibliografia / Bibliography

C. F. Volney, *Les Ruines, ou méditation sur les révolutions des empires*, 1791; ed. cons., Milano-Udine 2016.

T. Puccini, *Dello Stato delle Belle Arti in Toscana. Lettera del Cavaliere Tommaso Puccini segretario della R. Accademia di Firenze al signore Prince Hoare Segretario della R. Accademia di Londra*, Firenze 1807.

A. Nibby, *Roma Nell'anno MDCCCXXXVIII*, 4 voll., Roma 1838-1841.

Considerazioni storico-critiche di Antonio Zobi sulla catastrofe di Ugolino Gherardesca conte di Donoratico, Firenze 1840.

M. Missirini, *Biografia. Pietro Benvenuti*, in 'Poliorama pittoresco', 20 aprile 1844, III (1838-1839), p. 290-292.

E. Saint-Maurice Cabany, in *Le Nécrologe universel du XIX siècle*, Tome premier, Paris 1845.

I. Ciampi, *Vita di Giuseppe Valadier architetto romano*, Roma 1870.

L. Volkmann, *Iconografia dantesca. Le rappresentazioni figurative della Divina Commedia*, ed. italiana a cura di G. Locella, Firenze-Venezia 1898.

Cenni biografici sul Cav. Prof. Luigi Sabatelli scritti da lui medesimo e raccolti dal figlio Gaetano, pittore, Milano 1900.

A. Tadolini, *Ricordi autobirografici di Adamo Tadolini scultore (vissuto dal 178 al 1868)*, Roma 1900.

Correspondance des Directeurs de l'Académie de France à Rome avec les Surintendants des Bâtiments publiée d'après les manuscrits des Archives nationales par MM. Anatole de Montaiglon et Jules Guifrey, Paris 1906.

U. Viviani, *Arezzo e gli Aretini. Pagine raccolte dal dott. Ugo Viviani*, Arezzo 1921.

A. Calabi, *Francesco Bartolozzi. Catalogue des Estamps et notice biographique d'après le manuscrits de A. De Vesme enteriement réformé et complétés d'une étude antique*, 1928.

L. Forrer, *Biographical Dictionary of Medallists, coin-, gem-, and seal-engravers mint-masters, &c. ancient and modern, with references to their works B.C. 500 - A.D. 1900*, vol. 8, London, 1930.

Il Museo Stibbert a Firenze, a cura di G. Cantelli, voll. 2, Milano, 1970.

Cultura neoclassica e romantica nella Toscana granducale, Collezioni lorenesi, acquisizioni posteriori, depositi, catalogo della mostra a cura di S. Pinto, Firenze 1972.

E. J. Pyke, *A Biographical Dictionary of Wax Modellers*, Oxford, 1973.

C. Del Bravo, *Una gioventù filosofica*, in *Luigi Sabatelli (1772-1850). Disegni e incisioni*, catalogo della mostra (Firenze, Gabinetto dei Disegni e delle Stampe degli Uffizi), Firenze 1978.

Actes du colloque Florence et la France, Florence 2,3,4 giugno 1977, Firenze 1979.

M. Natale, *Les gouts et les collections d'art italien à Genève du XVIII e au XXme siècle*, Genève 1980.

E. J. Pyke, *A Biographical Dictionary of Wax Modellers (Supplement)*, London, 1981.

Ritrattini in cera d'epoca neoclassica. La collezione Santarelli e un'appendice sulle cere antiche del Museo Nazionale di Firenze, catalogo della mostra a cura di M. Casarosa Guadagni, Firenze, Galleria d'arte moderna di Palazzo Pitti, ottobre-dicembre 1981, Firenze, 1981.

S. Laveissière, in *Bénigne Gagneraux (1756-1795): un peintre bourguignon dans la Rome néoclassique*, catalogo della mostra (Roma, Accademia di Francia - Dijon, Musée des Beaux Arts), Roma 1983.

L. Pirzio Biroli Stefanelli, *Roma, Museo della Zecca. I modelli in cera di Benedetto Pistrucci*, voll. 1-2, Roma, 1989.

T. Hufschmidt, *Adamo, Scipione, Giulio, Enrico: quattro generazioni di scultori a Roma nei secoli XIX e XX*, Roma 1996.

L. Fornasari, *Pietro Benvenuti: dagli esordi ai rapporti con il Romanticismo. Aspetti della formazione e aggiunte al catalogo delle opere*, in 'Antichità Viva', XXXV, nn. 5-6, 1998, pp. 41-62.

C. L. Pisano, *Lo studio di Adamo Tadolini, scultore a Roma*, in *Ricerche di storia dell'arte*, LXX (2000).

G. Tassinari, *Un ignoto incisore di gemme: lo scultore e ceroplasta Francesco Pozzi* in «MDCCC 1800», 2000, 9, pp. 5-46.

U. della Gherardesca, *Il conte Guido Alberto della Gherardesca. Un personaggio toscano che operò con prestigio nella prima metà del 1800*, Pontedera 2001.

Pietro Benvenuti. Disegni, a cura di L. Fornasari, catalogo della mostra (Saletta Gonnelli), Firenze 2002.

L. Fornasari, *Gli amici pittori di Leonardo Romanelli*, in 'Annali aretini', XI (2003).

L. Fornasari, *Pietro Benvenuti*, Firenze 2004.

Arte e Manifattura di corte a Firenze dal tramonto dei Medici all'Impero (1732-1815), catalogo della mostra a cura di A. Giusti, Firenze, Livorno 2006.

S. Bellesi, *Catalogo dei pittori fiorentini del '600 e '700*, 3 voll., Firenze 2009.

Pittore Imperiale. Pietro Benvenuti alla corte di Napoleone e dei Lorena, catalogo della mostra a cura di L. Fornasari e C. Sisi, Firenze, Livorno 2009.

Lorenzo Bartolini scultore del bello naturale, catalogo della mostra a cura di F. Falletti, S. Bietoletti e A. Caputo, Firenze 2011.

J. Von Schlosser, *Storia del ritratto in cera. Un saggio*, edizione annotata e ampliata da A. Daninos, Milano, 2011.

L. Fornasari, *Ancora intorno a Francesco Nenci tra mercato e abitazione privata degli eredi: breve postilla con acquisizioni inedite al catalogo dei dipinti e dei disegni*, in "Annali Aretini", XXII, 2014, pp. 185-189.

F. Mazzocca, *Francesco Pozzi* in Porro & C. Art consulting, *Dipinti e Sculture dal XVII al XIX secolo*, Milano 25 novembre 2016 / 24 febbraio 2017, s.l., pp. 58-63.

Accademia di Belle Arti di Firenze. Pittura 1784-1915, a cura di S. Bellesi, Firenze 2017.

M. T. Caracciolo, *Ritratti fra amici. François-Xavier Fabre e Barthélémy Corneille tra Roma e Firenze*, Trento 2017.

L. Pirzio Biroli Stefanelli, *Benedetto Pistrucci. Carte autografe e altri documenti*, Roma, 2017, «Bollettino di Numismatica - Studi e ricerche», 3.

Giuseppe Capecelatro. Esperienza politica, attività pastorale e magistero culturale di un vescovo illuminato, a cura di F. Castelli, S. Vinci, Galatina 2018.

S. Bellesi, *Santi Pacini*, Firenze 2021.

Antonio Canova, Giovanni degli Alessandri e l'Accademia di Belle Arti di Firenze, catalogo della mostra a cura di S. Bellesi, Firenze 2022.

L. Fornasari, *Francesco Nenci*, Accademia di Belle Arti, Firenze 2022.

Giuseppe Bezzuoli (1784-1855). Un grande protagonista della pittura romantica, catalogo della mostra a cura di V. Gavioli, E. Marconi, E. Spalletti, Firenze 2022.

Bibliografia relativa alle schede di Ademollo / Bibliography related to Ademollo essays

Intro

ASABA, (Archivio Storico dell'Accademia di Belle Arti di Brera), fondo storico, filzaTea H IV 26, Studenti Catalogo dal 1776 al 1800 e miscellanea, ins. *«Registro de' Giovani ammessi a questa Reale Accademia delle Belle Arti dal giorno 22 gennaio 1776 in cui si è fatto l'aprimento della medesima al giorno 8 settembre dello stesso Anno»*, c. 19r.

L. Ademollo, *Catalogo delle tavole sacre, profane, storiche, e poetiche inventate, e pittoricamente incise ad acqua forte dal celebre pittore Luigi Ademollo*, Firenze, 1837.

F. Guerri, *Il teatro S. Marco di Livorno in «Liburni Civitas»*, Livorno, I, 1928 (con illustrazioni Livorno, 1928, pp. 96-99.

P. Francastel, *Studi di sociologia dell'arte. Lo spazio figurativo da Piero della Francesca a Picasso*, Milano, Biblioteca Universale Rizzoli, 1970, pp. 103, 127.

A. Scotti, *Brera 1776-1815: nascita e sviluppo di una istituzione culturale milanese*, Quaderni di Brera, 5, Firenze, Centro Di, 1979, pp. 11, 25, 49.

V. Farinella, S. Panichi, *L'eco dei marmi: il Partenone a Londra: un nuovo canone della classicità,* Roma, Donzelli Editore, 2003, pp. 44-45.

S. Ferrari, *L'energia degli eroi. Gli exempla virtutis di Martin Knoller per il conte Carlo Firmian* in «Le raccolte di Minerva. Le collezioni artistiche e librarie del conte Carlo Firmian» Atti del Convegno Trento – Rovereto 3-4 maggio 2013, a cura di S. Ferrari, Trento, Società di studi trentini di scienze storiche, Rovereto: Accademia roveretana degli Agiati, 2015, pp. 35-55.

E. Radogna, *Da Milano a Firenze: la carriera di un artista. Luigi Ademollo (1764-1849)*, Vol. II-III, Università degli Studi di Genova, Anno Accademico 2015-2016, pp, 3, 71, 1005-1008.

Timoclea

L. Ademollo, *Catalogo delle tavole sacre, profane, storiche, e poetiche invetnate, e pittoricamente incise ad acqua forte dal celebre pittore Luigi Ademollo*, Firenze, 1837.

A. Ademollo, *Marietta de' Ricci ovvero Firenze al tempo dell'assedio,* parte prima, Firenze, Nella stamperia Granducale, 1840, Firenze, pp. 477-478, nota 50.

F. Guerri, *Il teatro S. Marco di Livorno in «Liburni Civitas»*, Livorno, I, 1928 (con illustrazioni Livorno, 1928, pp. 96-99.

Vite di Plutarco, trad. di C. Carena, Torino, Giulio Einaudi Editore, 1958, vol. II, paragrafo 11, pp. 240-241.

A. Ademollo, *Cenni sul progetto di ornare con istoriche pitture l'interno del Duomo di Firenze*, 1825, cc. 1-24r: (pubblicato in D. Heikamp, *Un progetto di Luigi Ademollo per affrescare il Duomo di Firenze,* in "*Scritti di storia dell'arte in onore di Ugo Procacci*", Electa Editrice, Milano, 1977.

L. Fabbri, *Il riordinamento ottocentesco del Duomo e lo smantellamento del coro di Bandinelli*, in: « *Sotto il cielo della cupola: il coro di Santa Maria del Fiore dal Rinascimento al 2000* progetti di Brunelleschi, Bandinelli, Botta, Brenner, Gabetti e Isola, Graves, Hollein, Isozaki, Nouvel, Rossi», a cura di, T. Verdon, Milano, Electa, 1997, pp. 110-132, nota 10.

E. Radogna, *Da Milano a Firenze: la carriera di un artista. Luigi Ademollo (1764-1849)*, Vol. I, Università degli Studi di Genova, Anno Accademico 2015-2016, pp. 264-268, 276-278.

R. Lane Fox, *Alessandro Magno*, ET Storia, Torino, Einaudi, 2019 (prima ediz. 1973), pp. 144, 145, 150, nota 5.

Bucefalo

L. Ademollo, *Catalogo delle tavole sacre, profane, storiche, e poetiche invetnate, e pittoricamente incise ad acqua forte dal celebre pittore Luigi Ademollo*, Firenze, 1837.

Vite di Plutarco, trad. di C. Carena, Torino, Giulio Einaudi Editore, 1958, vol. II, paragrafo 6, pp. 235-236.

P. Desideri, *Saggi su Plutarco e la sua fortuna*, raccolti a cura di A. Casanova, Firenze, Firenze University Press (Studi e Testi di Scienze dell'Antichità, n. 29), 2012, pp. 147, 148.

R. Lane Fox, *Alessandro Magno*, ET Storia, Torino, Einaudi, 2019 (prima ediz. 1973), pp. 38-39.

E. Radogna, *Da Milano a Firenze: la carriera di un artista. Luigi Ademollo (1764-1849)*, Vol. II, Università degli Studi di Genova, Anno Accademico 2015-2016, pp. 848-850, 1039-1040.

L'Accademia degli Immobili "Proprietari del Teatro di Via della Pergola in Firenze" Inventario a cura di M. Alberti, A. Bartoloni, I. Marcelli, Roma, Ministero per i Beni e le attività culturali, Direzione Generale per gli Archivi, 2010, p. 549.

P. Moreno, *Immagini di Alessandro: monete e storia*, in «Il significato delle immagini, Numismatica, Arte, Filologia, Storia» – Università degli Studi di Genova, Dipartimento di scienze dell'antichità, del medioevo e geografico-ambientali, Serta Antiqua et Mediaevalia XIV, Atti del secondo incontro internazionale di studio del Lexicon Iconographicum Numismaticae, Convegno presso Università degli Studi di Genova 10-12 novembre 2005, a cura di R. Pera, Roma, Giorgio Bretschneider Editore, 2012, pp. 157, 158.

S. Ensoli, *Alessandro Magno* in «La fortuna di Lisippo nel Mediterraneo. Tra 'imprenditorialità', 'politicizzazione' e 'strategie di reimpiego', a cura di S. Ensoli, Padova, Il Poligrafo casa editrice, 2017, p. 53, nota 2.

Delfi

L. Ademollo, *Catalogo delle tavole sacre, profane, storiche, e poetiche inventate, e pittoricamente incise ad acqua forte dal celebre pittore Luigi Ademollo*, Firenze, 1837.

GDSU (Gabinetto dei Disegni e delle Stampe degli Uffizi), GDSU, 105609/1-30, L. Ademollo, *Vita di Gesù Cristo e Eccidio di Gerusalemme*, Firenze, 1838; MFA (Museum of Fine Arts), Boston, Usa, William A. Sargent Fund: 1999.598.7 *La Vita di Gesù Cristo ed Eccidio di Gerusalemme*.

Vite di Plutarco, trad. di C. Carena, Torino, Giulio Einaudi Editore, 1958, vol. II, paragrafo 14, p. 242.

R. Lane Fox, *Alessandro Magno*, ET Storia, Torino, Einaudi, 2019 (prima ediz. 1973), pp. 65-66.

E. Radogna, *Da Milano a Firenze: la carriera di un artista. Luigi Ademollo (1764-1849)*, Vol. I-II, Università degli Studi di Genova, Anno Accademico 2015-2016, pp. 697, 704-705, 849-850.

Nodo Gordiano

L. Ademollo, *Catalogo delle tavole sacre, profane, storiche, e poetiche invetnate, e pittoricamente incise ad acqua forte dal celebre pittore Luigi Ademollo*, Firenze, 1837.

M. Cadario, *La corazza di Alessandro. Loricati di tipo ellenistico dal IV sec. a.C. al II d.C.*, Milano, LED (Edizioni Universitarie di Lettere Economia e Diritto – Il Filarete: pubblicazioni della Facoltà di Lettere e Filosofia dell'Università degli Studi di Milano), 2004 pp. 13-15, 30, 39.

Vite di Plutarco, trad. di C. Carena, Torino, Giulio Einaudi Editore, 1958, vol. II, paragrafo 18, p. 246.

R. Lane Fox, *Alessandro Magno*, ET Storia, Torino, Einaudi, 2019 (prima ediz. 1973), pp. 148-150.

E. Radogna, *L'espressione grafica in Luigi Ademollo. Idee e progetti su carta per la committenza toscana* in «Predella. Nuovi studi sul disegno ottocentesco» n. 19-20, 2019, a cura di V. Frascarolo, Pisa, Edizioni ETS, 2020, pp. 18-21.

Dario

L. F. Cassas, *Voyage pittoresque de la Syrie, de la Phaenicie, de la Palestine et de la Basse-Egypte*, Paris, de l'Imprimerie de la République, (ediz. consultata) Anno VII.

L. Ademollo, *Catalogo delle tavole sacre, profane, storiche, e poetiche invetnate, e pittoricamente incise ad acqua forte dal celebre pittore Luigi Ademollo*, Firenze, 1837.

L. Ademollo, *Cenni biografici del pittore Luigi Ademollo scritti da lui stesso* in "*L'arte, giornale letterario, artistico, teatrale di Firenze*", nn. 96 dell'8 novembre, Firenze, 1851, p. 382.

Vite di Plutarco, trad. di C. Carena, Torino, Giulio Einaudi Editore, 1958, vol. II, paragrafo 43, pp. 271-272

L. Ademollo, *Appendice: Luigi Ademollo: Autobiografia* in G. L. Mellini, *Apertura per Luigi Ademollo* in «Arte Illustrata», n. 57, 1974, p. 68.

E. Radogna, *Da Milano a Firenze: la carriera di un artista. Luigi Ademollo (1764-1849)*, Vol. I-II, Università degli Studi di Genova, Anno Accademico 2015-2016, pp. 16-17, nota 43.

E. Radogna, *Luigi Ademollo, pittore in palazzo Pitti alla corte degli Asburgo-Lorena. Parte I – Fonti per la storia dei dipinti nella Cappella Palatina* in «Amici di Palazzo Pitti, Bollettino 2016», pp. 48-49.

E. Radogna, *Luigi Ademollo, pittore in palazzo Pitti alla corte degli Asburgo-Lorena. Parte II – Stile, tecnica e note critiche sui dipinti nella Cappella Palatina* in «Amici di Palazzo Pitti, Bollettino 2017», pp. 40, 46, nota 25.

R. Lane Fox, *Alessandro Magno*, ET Storia, Torino, Einaudi, 2019 (prima ediz. 1973), pp. 240, 274-276.

E. Radogna, *L'espressione grafica in Luigi Ademollo. Idee e progetti su carta per la committenza toscana* in «Predella. Nuovi studi sul disegno ottocentesco» n. 19-20, 2019, a cura di V. Frascarolo, Pisa, Edizioni ETS, 2020, pp. 18-21, III, figg. 5-6.

Finito di stampare presso
Polistampa Firenze srl
settembre 2022